Familien-Reiseführer

FUERTEVENTURA UND LANZAROTE

COMPANIONS

Fuerteventura und Lanzarote

Zwischen dunklem Vulkangestein befinden sich idyllische, helle Buchten

Fuerteventura und Lanzarote für Eltern und Kinder

Kinderfreundliche Strände

Zehn Touren, die allen Spaß machen

Die tollsten Attraktionen für Kinder

Vorsicht, rutschig! Schwarzer Basalt formte eine natürliche Brücke (S. 66)

Ehrwürdig wachen die Guanchenfürsten über ihr Land (S. 46)

Gut zu wissen

Was Sie wissen sollten

Diese Zeichen und Symbole begleiten Sie durch das ganze Buch:

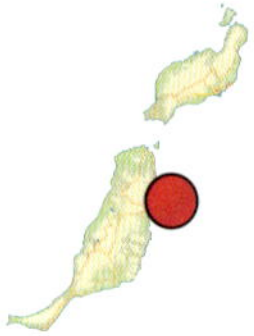

Die Minikarte von Fuerteventura und Lanzarote mit dem dicken roten, grünen oder blauen Punkt zeigt Ihnen auf einen Blick, an welchem Ort sich die jeweilige Attraktion befindet.

Infos zur Region oder spezielle Empfehlungen für die Eltern gibt's in den grünen Kästen.

In den orangefarbenen Kästen stehen tolle Tipps oder Geschichten für Kinder.

Regionale kulinarische Genüsse oder ein Restaurant, in dem auch Ihre Kinder auf ihre Kosten kommen, finden Sie in den blauen Kästen.

Unser Autor Gottfried Aigner hat sich bei den Familien-Reiseführern auf italienische Urlaubsgebiete und die spanischen Inseln spezialisiert. Bereits erschienen sind Teneriffa, Gran Canaria sowie Ibiza mit Formentera. Und welche Inseln mag er am liebsten? Die kleinen Eilande im Norden des kanarischen Archipels jedenfalls schätzt er wegen der überraschenden Fülle an Attraktionen: Auf Fuerteventura sind es die Traumstrände und historischen Orte, auf Lanzarote die faszinierenden Feuerberge und Palmentäler.

FUERTEVENTURA UND LANZAROTE FÜR ELTERN UND KINDER

Fuerteventura und Lanzarote entdecken

Die beiden östlichsten Inseln der Kanaren unterscheiden sich von den übrigen durch ihre Vegetation. Weil ihre höchsten Punkte nur 807 (Lanzarote) bzw. 671 (Fuerteventura) m hoch sind, zieht die Passatwolke meistens über sie hinweg. Diese für die anderen Inseln so segensreiche Regenspenderin kondensiert nämlich erst in 1.000 m Höhe. Kaum Regen ist für Urlauber natürlich ein Pluspunkt. Hinzu kommen die angenehmen Temperaturen, die rund ums Jahr zwischen 20 und 30 Grad Celsius liegen. Noch wichtiger auf beiden Inseln sind aber die vielen großen Sandstrände. Die meisten sind durch ihren flachen Einstieg ins Meer hervorragend für Familien mit kleinen Kindern geeignet. Auf Fuerteventura gibt es zwei große Ferienregionen mit Sandstrand und mehr: Im Norden ist es die Hafenstadt Corralejo mit dem Dünengebiet El Jable, im Südwesten ein 30 km langes Strandgebiet von der Costa Calma bis hinunter zur Halbinsel Jandía. Auf Lanzarote konzentrieren sich die Ferienzentren auf drei Areale: im Nordosten die Costa Teguise, zentral Puerto del Carmen und im Südwesten Playa Blanca mit den traumhaften Playas de Papagayo.

Fernab der Touristenzentren lassen sich viele einsame Buchten entdecken

Welches Wasser ist trinkbar?

Wasser aus der Leitung trinkt man auf den Kanarischen Inseln nicht, es ist gechlort, eignet sich gerade noch zum Zähneputzen. Sauberes Wasser, meist aus Meerwasserentsalzungsanlagen und mit Zusatz von Mineralien, kauft man in größeren Gebinden (5 l) im Supermarkt. Dort und in Restaurants gibt es auch Markenwasser (agua mineral), meistens „natural", seltener „con gas", also mit Kohlensäure. Der Zusatz „manantial" garantiert, dass das Mineralwasser von einer natürlichen Quelle stammt.

Da kommt keine Langeweile auf

Wer die Touristenzentren verlässt, erlebt schon nach wenigen Kilometern eine andere Welt. Fuerteventuras Landschaft mag zunächst etwas monoton wirken. Das Bild wird von Vulkanen dominiert, die im Laufe der Jahrtausende von Wind und Wetter glatt geschliffen wurden. Und doch gibt es auf der ältesten Insel der Kanaren ein grünes Wunder: die Palmen und Landwirtschaft im Tal von Vega de Río Palmas (siehe S. 44). Ringsum befinden sich viele weitere lohnende Ausflugsziele, Städtchen mit Kultur und Geschichte. Betancuria zum Beispiel, die frühere Hauptstadt der Insel, ist eine museale Schönheit (siehe S. 45). Oder Antigua, wo Kunst und Brauchtum zu Hause sind, wo sich Windmühlen drehen und im Museum des Kunsthandwerks wichtige Spuren der Guanchen zu entdecken sind (siehe S. 51).
In La Oliva begegnet man im Museumsgarten dem schrecklichen Majohoré, dem Herrn der Winde (siehe Kasten S. 40). Die Fassade der Kirche in Pájara (siehe S. 43) ist geschmückt mit Pumas, Schlangen und rätselhaftem Indianerschmuck. In der Kirche von Tuineje (siehe S. 47) wird es aufregend. Hier wird anhand von Gemälden die Schlacht von Tamasite geschildert, welche von Dromedaren gewonnen wurde. Ein Erlebnis in Tindaya bietet der Aufstieg auf den heiligen Berg der Guanchen (siehe S. 40 und Kasten S. 100), bei dem Leichtgewichte aufpassen müssen, um nicht vom Wind umgeweht zu werden. Spuren der Ureinwohner sind auch bei

Toben am schwarzen Strand

*Auch im Urlaub können Pool und Sandstrand einmal langweilig werden. Vor allem wenn man immer leise sein soll, während die älteren Urlauber dösen. Tipp: Überredet eure Eltern, einen Ausflug zur **Playa Quemada** (etwa 6 km westlich von Puerto del Carmen) zu machen. Das Meer ist dort laut, der Kiesstrand schwarz und während der Woche leer. Da können alle toben, singen, und einander mit Wasser nass spritzen. Am Wochenende wird der Platz mit den lanzaroteñischen Familien geteilt.*

Pozo Negro zu finden: La Atalayita, ein Dorf aus Lavasteinen mit Ziegenpferch (siehe S. 91). Vor den Hütten liegen noch die Reste von Muscheln und „concheras“ (Napfschnecken), eine sehr begehrte Nahrung bei den Altkanariern.
Oder bei Tefía das Ecomuseo La Alcogida (siehe S. 40), wo Dromedare und Esel im Hofe stehen, wo Korbflechter, Töpfer und Weberinnen in den alten Häusern ihrem Kunsthandwerk nachgehen. Das 20 m lange Skelett eines Wals markieren die Salinas del Carmen (siehe S. 49 und Kasten S. 92), wo auf einfache Weise gelernt werden kann, wie Salz aus dem Meer gewonnen wird. Die glatte, kahl geschrubbte Insel Fuerteventura bekommt Profil, wenn man einmal hinter ihre Berge schaut!

Schwarze Vulkane und grüne Palmen

Auf Lanzarote gilt das Interesse in erster Linie dem erstarrten Ozean der Vulkanausbrüche vor fast 300 Jahren, den Lavawüsten des Nationalparks Timanfaya (siehe S. 100) und seiner Umgebung. Dieses teils beängstigende, teils wunderbare Naturerlebnis beeindruckt auch die jüngsten Urlauber. Im Kontrast dazu bietet im Norden das hübsche Städtchen Haría ein Tal mit 1.000 Palmen. Mit Palmenalleen kaschieren auch viele Städte das vor allem im Sommer oft fehlende Grün. Diesen Schmuck leisten sich in herausragender Weise Arrecife, die neue, und Teguise, die alte Hauptstadt. In Arrecife gibt es für Jungritter und Burgfräuleins zwei Burgen (siehe S. 60 und 62) zu durchstöbern, bei Teguise das Kastell Santa Bárbara (siehe S. 75)

Fantasievolle Schiffsausflüge

*Schöne Kombinationen zwischen Bootsausflug und Pause am Strand gibt es ab Lanzarote bei **Lanzarote Experience**, z. B. mit dem Katamaran von Puerto del Carmen nach Fuerteventura, Stopp bei den Dünen, Shopping und Eisschlecken in **Corralejo**; weiter zur Insel **Lobos** mit Vulkanbesteigung und Delfinbeobachtung und zum Abschluss Schnorcheln an der ruhigen, schwarzen **Playa Quemada**. Die Tour endet in **Puerto Calero**. Calle Calderetas 100, San Bartolomé, Tel. 928 52 12 26, reservas@lanzarote-experience.com, www.lanzarote-experience.com. Auskunft: Mo-Fr 8-20 Uhr. Erw. € 44, Kinder (6-12 J.) € 24.*

Grün leuchtet das Weingut in der Vulkanlandschaft von Corona

mit einem Museum, das den schrecklichen Piraten gewidmet wurde. Es gibt mehrfach die Möglichkeit, in finstere Lavahöhlen einzutauchen, in den Jameos del Agua (siehe S. 65 und 95) sogar mit einem See, in dem blinde Krebse leben. Bei Tahíche findet sich die Lavawohnwelt (siehe S. 69 und 98) des Künstlers und Architekten César Manrique. Ein besonderes Erlebnis ist im Norden die Inselwelt des Archipels Chinijo mit dem Inselchen La Graciosa, wo Kinder nicht aufhören wollen, Muscheln zu suchen.

Sportlich mit Wind und Wellen

Fuerteventura heißt starker Wind, ein gutes Zeichen für Segler, Windsurfer, Kitesurfer und Wellenreiter. Die beste Region für Windsurfer liegt im Norden beim Leuchtturm von El Cotillo, wohin die Sportler verbannt wurden, weil ihr früheres Domizil an den Stränden von Corralejo im geschützten Naturpark lag. Gut im Wind liegen auch die Costa Calma, La Pared und der Norden von Jandía. Reichliche Tauchgründe gibt es zwar vor allem im Norden in der Meerenge El Río, doch auch hier besteht Naturschutz. Die Tauchschulen der bekannten Ferienorte haben deshalb andere Tauchplätze rund um die Insel gefunden.
Auch auf Lanzarote bietet der ständige Passatwind Seglern und Windsurfern gute Voraussetzungen. Beliebt ist vor allem die Nordküste beim Fischerort La Caleta de Famara und beim Sportclub La Santa. Auch die Costa Teguise hat guten Wind hinter den Wellenbrechern der Badestrände. Lanzarote bietet auch Tauchern viel Abwechslung, sehr beliebt wegen der großen Artenvielfalt sind die Tauchgründe im Norden bei Arrieta und Mala oder bei den Papagayo-Stränden (siehe S. 28). Für Anfänger gibt es dort viele Einstiege am flach abfallenden Strand. Wer von den Jungs und Mädels nicht sicher ist, ob das Tauchen ein Hobby werden könnte, findet etliche Angebote für Schnupperkurse.

Wieso nicht etwas Neues probieren? Am Strand gibt es oft Schnupperkurse

Was Eltern wissen sollten

Bei der Wahl des Urlaubsziels sollen Badewassser und Luft rein sein, die Kinder benötigen genügend Platz und Möglichkeiten, um sich bei Spiel und Sport die Ferienzeit angenehm zu gestalten. Generell lässt sich behaupten, dass die Kanarischen Inseln mitten im Atlantik durch das bewegte Meer immer wieder frisches Wasser an die Küsten bringen und der stete Wind auch den geringen Smog schnell verweht. In manchen Urlaubsgebieten wird Abwasser aus dem Binnenland über Flüsse zur Mündung getragen, wo sich dann die Keime versammeln. Diese Sorge entfällt bei Fuerteventura und Lanzarote: Es gibt keine Flüsse, die dem Meer zustreben. Das Wasser an den Stränden kann höchstens durch gelegentliche Regenfälle und entsprechende Sturzbäche durch Sand und Erde getrübt werden. Das ist jedoch nur vorübergehend und hat nichts mit der Wasserqualität zu tun.

Wie lang man sich sonnen darf

Die Berechnung hängt ab vom ***Hauttyp*** *und vom* ***UV-Index****. Für einen hellhäutigen Mitteleuropäer und einen mittleren UV-Index von 6 (Deutschlands Index liegt bei 0 bis 9) gilt: Wer etwas empfindlich ist, bekommt ungeschützt oft schon nach 10 Minuten Sonnenbad eine Hautrötung. Mit einem Sonnenschutzmittel mit Lichtschutzfaktor (LSF) 20 verlängert sich die Zeit, bis die Wirkung nachlässt, auf 200 Minuten (10 mal 20). Die Schutzdauer verringert sich durch hellen Sand und Wasser, weil die UV-Strahlung verstärkt wird, auch unter dem Sonnenschirm!*

Preis für Sauberkeit und Umwelt

Allerdings kann an den Stränden der Urlaubszentren durch Unachtsamkeit bei der Klärung des Abwassers Verschmutzung entstehen. Um dies zu überprüfen, können die Gemeinden bei der europäischen Umweltbehörde FEE (Foundation for Enviromental Education) regelmäßige Tests beantragen (Ergebnisse unter www.adeac.es, dem Link „Bandera Azul“ folgen, dann bei Playas „Listados“). Die Kontrollen sind streng, und nur wer alle Bedingungen erfüllt, darf ein Jahr lang die Blaue Flagge hissen (siehe Kasten S. 18). Positiv aufgefallen sind bei der letzten Überprüfung auf Fuerteventura (von Norden nach Süden): die Grandes Playas, der nördliche Teil des Dünengebiets südlich von Corralejo; die fast nur von Einheimischen besuchte Playa Blanca bei der Hauptstadt Puerto del Rosario; der Stadtstrand von Gran Tarajal an der Südostküste mit wenig Tourismus; in der Nachbarschaft der schwarze Strand von Las Playitas; die Strände der Costa Calma am Istmo de la Pared; die Playa de Butihondo kurz vor Jandía Playa und die Playa del Matorral, der Hauptstrand von Jandía Playa. Auf der anderen Inselseite, oberhalb von El Cotillo, erhielt der Strand La Concha die Auszeichnung. Auf Lanzarote konzentrierten sich die begehrten Wimpel auf Puerto del Carmen mit seinen vier Stränden Playa Matagorda, de los Pocillos, Grande und la Barilla; im Urlaubsort Playa Blanca wurden ebenfalls alle Strände prämiert (siehe auch Kap. „Kinderfreundliche Strände" ab S. 17).

Sanft oder Sog

Die Freude am Meer ist auch sonst kaum eingeschränkt: Alle wichtigen Urlaubsorte können mit einem sanften Einstieg vom Strand ins Wasser werben, für Familien mit Kindern ohne Schwimmschein ein beruhigendes Urlaubsplus. Die auf manchen Inseln gefährlichen Strömungen sind auf Fuerteventura nur außerhalb der Ferienzentren südlich von El Cotillo zu finden und weiter abwärts an den Playas de Cofete und de Barlovento. Auch auf Lanzarote befinden sich die Strände mit gefährlichem Sog außerhalb der Urlaubsgebiete, zum Beispiel im Norden die schöne, aber stürmische Playa de Famara (siehe S. 30).

Die richtige Reisezeit

Auf beiden Inseln herrschen rund ums Jahr angenehme Temperaturen zwischen 20 und 30 Grad. Zwischen November und März kann es jedoch schon einmal kräftig regnen, der Durchschnitt liegt bei zwölf Tagen. Ausgeglichen sind die Monate April bis Oktober. Daten für notorische Wasserratten: Die Wassertemperaturen liegen im Winter im Schnitt um 19, im Sommer um 22 Grad

Die Kletterburgen am Strand bieten Spaß und ein wenig Schatten

Celsius. Nicht vergessen: Beide Inseln liegen stark im Wind, was manche Urlauber nach ein paar Stunden am ungeschützten Strand als unangenehm empfinden könnten. Schützen Sie Ihre Kamera vor dem umherwehenden Sand, indem Sie sie stets in einer Plastiktüte oder im Rucksack verstauen.

Ach du liebe Sonne!

Ein wichtiger Grund für die Auswahl des passenden Urlaubsziels ist garantierter Sonnenschein. Darüber kann auf Fuerteventura und Lanzarote keiner klagen. Jedoch, jetzt kommt die Vernunft, auch der Sonnentraum hat dunkle Flecken. Selbst wenn es schwerfällt, die Kleinen aus dem Licht zu ziehen, zu viel Sonneneinstrahlung bewirkt starke gesundheitliche Schäden. Ein paar wichtige und ratsame Tipps zur Vermeidung von Sonnenstich und Schlimmerem:

- Sonnenschutzmittel auftragen und trotzdem in den ersten Tagen nur eine halbe Stunde in der Sonne liegen.

- Grundsätzlich zwischen 11 und 15 Uhr die stark wirkende Sonnenstrahlung meiden: Siesta einplanen.
- Kinder und Erwachsene mit sensibler Haut sollten jederzeit eine Kopfbedeckung mit Nackenschutz tragen, die Kleinen jedenfalls zusätzlich ein Hemdchen.
- Der Lichtschutzfaktor bestimmt die Dauer des Aufenthalts in der Sonne (siehe Kasten S. 10). Aber auch bei wolkenbedecktem Himmel muss man sich schützen, denn 80 % der UV-Strahlen durchdringen die Wolkenschicht.
- Auch billige Sonnenschutzmittel können eine gute Wirkung haben. Infos unter www.testberichte.de.

Wenn die Kids in den Club gehen

Im Miniclub fühlen sich eigentlich alle Kinder wohl, stundenlang mit Gleichaltrigen spielen, tanzen, malen, töpfern und als Clown verkleiden, das ist Urlaub nach ihrem Sinn – auch über Sprachgrenzen hinweg. Ferienhotels mit Kinderanimationen liegen gut im Rennen um die Gunst der Familien.
Die meisten der ausgewählten Hotels oder Apartmentanlagen (siehe ab S. 110) bieten Miniclubs für verschiedene Altersklassen mit geschulten Erziehern. Immer häufiger werden sogar Kinderbüfetts mit entsprechenden ergonomischen Möbeln eingerichtet, inzwischen sind Hochstühle ebenfalls zur Selbstverständlichkeit geworden. Miniclubs und Kinderbüfetts verstärken auch die Erholung der Eltern. So können sie in Ruhe zu Abend essen, und selbst wenn die Kleinen vor lauter Wohlsein mit dem Löffel spielen, dass es gar spritzt, haben die Eltern mit Sicherheit keine bösen Blicke vom Nachbartisch zu befürchten.
Höhepunkt mancher Abende ist die Minidisco, die oft erst um 21 Uhr beginnt. Von Müdigkeit der vom Tagesablauf strapazierten Racker ist zu dieser späten Stunde nichts zu merken. Die meist weiblichen Animateure schaffen es, mit bewundernswertem Geschick auch die ruhigeren unter den Kids für Bewegungsspiele, gemeinsame Lieder und Ringelreigen zu begeistern.
Noch ein Wort zum Besuch eines kanarischen Restaurants mit den Kleinen: Auf den Inseln herrscht Großzügigkeit gegenüber lebhaften Kindern, auch in Restaurants. Dort müssen sich Eltern oder Großeltern nicht gleich genieren, wenn ein Glas umkippt oder die kleinen Neugierigen die Nachbarn beim Essen unterhalten. Ob Majorero (Einwohner von Fuerteventura) oder Conejero (Lanzaroteños), Kinder haben hier meist einen Freischein.

Auch zu später Stund' sind die Kids noch fit, wenn die Minidisco beginnt

Essen & Trinken

Auf allen Inseln hat sich Großmutters einfache Küche erhalten. Mit dem steigenden Interesse der Urlauber an Traditionellem konnte sie sich sogar weiterverbreiten. Die Kochrezepte unterscheiden sich in vier Grundrichtungen: die ländliche, etwas aufwendigere Küche des niederen Adels und der wohlhabenden Bauern, die einfacheren Rezepte mit fantasievoller Resteverwertung von Mägden, Landarbeitern und Pächtern. Dann die

So muss der Fisch aussehen, der auf den Inseln ganz frisch serviert wird

Küche der Fischer, die den Speisezettel durch den Tausch von Meeresprodukten gegen landwirtschaftliche Erzeugnisse bereicherten. Die vierte Richtung ist die der Hafenstädte mit Anregungen der vielen durchreisenden Fremden, die aus dem Mittelmeerraum kamen und ihre gewonnenen Kenntnisse aus Amerika oder aus dem großen Bereich des Indischen Ozeans mitbrachten.

Für alle etwas

Wenn die Hauptgerichte nicht dem Geschmack der Kinder entsprechen, sind die köstlichen und preiswerten ***Tapas*** *zu empfehlen. In den Vitrinen ist auch für die jüngere Generation immer etwas dabei und je nach Hunger gibt es halbe oder ganze Portionen (****Media Ración*** *oder* ***Ración****): z. B. Tortilla, Sardinen, Boquerónes (marinierte Anchovis), Chorizo (Paprikawurst), Hühnchenschenkel, Gemüsegulasch und Fischkroketten (guter Ersatz für die beliebten Fischstäbchen). „Tapa" bedeutet übrigens Deckel. Früher deckte man damit die Weingläser gegen Fliegen ab. Später nahm man dann statt des Pappdeckels ein Tellerchen, auf das kleine Happen für den Hunger zwischendurch gelegt wurden.*

Kinderfreundliches Büfett

Kein Problem mit den kleinen Essern gibt es, wenn die Familie die Ferien in einem Apartment mit Küche verbringt. Man kauft gemeinsam ein und der Speisezettel entspricht den Wünschen aller Familienmitglieder. Reibungslos ist das gemeinsame Mahl inzwischen aber auch bei einem Hotelaufenthalt mit Halbpension bzw. „all inclusive". Bei den empfohlenen Familienhotels (siehe ab S. 110), die abends vorwiegend Speisen vom Büfett bieten, werden die Wünsche der Kids garantiert erfüllt.

Die Auswahl an Pasta ist immens, auch Pizza und Pommes gibt es regelmäßig. Neugierig prüfen die Jungen und Mädchen auch das übrige Angebot, wo die Erwachsenen Schlange stehen. Und, man glaubt es kaum, plötzlich tragen sie Gerichte an den Familientisch, die sie zu Hause abgelehnt hätten. Klar, dass dann zur Abrundung die Süßspeisenabteilung vollste Zufriedenheit schafft.

Deftiges in kanarischen Kneipen

Schwierigkeiten könnte es also erst beim Besuch einer typischen Dorfkneipe oder eines echten kanarischen Stadtrestaurants geben. Denn die kanarische Speisekarte enthält viele Fleischgerichte, die gerade für kleine Esser ungewohnt sind. Manche mögen kein Fleisch von Kaninchen oder Zicklein verspeisen. Andererseits möchten die Erwachsenen im Urlaub gelegentlich ausgehen, um ein Stück Inselkultur kennenzulernen, sich unter die Einheimischen zu mischen. Viele Wirte kennen das Problem und haben längst auch Pommes und Pizza auf dem Speisezettel stehen. Oder sie verweisen auf ihre Tapasauswahl, da ist immer etwas für schwierige Jungesser zu finden (siehe Kasten S. 13).

Unbedingt probieren: Puchero Canario

Zur kanarischen Speisekultur gehört auf jeden Fall der Puchero Canario, der auch vielen Kindern schmeckt. Der Puchero ist ein fantasievoller Eintopf, dessen Zubereitung sich auf allen Inseln, ja sogar auf derselben Insel, unterscheidet. Doch allen gemeinsam ist der Reichtum an Gemüse und Knollenfrüchten. Die fantasievollste Variante lässt schon beim Lesen die Geschmacksknospen blühen: Die richtige Mischung an Fleisch ist das erste Gesetz, möglichst Rind, Hammel, Schwein und Huhn, als Würze Morcilla und Chorizo, das sind Blut- und Paprikawürste. Manchmal kommen auch noch Speck und Rippe hinzu. An Gemüsesorten sind möglich: Kichererbsen, Karotten, Zwiebeln, Stachelgurken (Chayotefrucht), grüne Bohnen, Kartoffeln, Süßkartoffeln (Bataten), dazu Kürbis, Bubangos (den Zucchini ähnlich), Mais und Kohl. Gewürzt wird mit Gofio (siehe Kasten) und Mojo, einer scharfen Soße (siehe Kasten S. 16). Gofio war schon bei den Guanchen ein Grundbestandteil der Ernährung und erlebte bei steigendem Interesse der Besucher an einheimischen Bräuchen und Speisen eine Renaissance.

Kraftfutter für Schmächtige

Ursprünglich eine Mischung aus Roggen und Wurzeln des Farnkrauts, wurde später Gerste die Basis von ***Gofio****, danach auch Weizen oder Mais. Das Getreide wird getrocknet, geröstet und gemahlen. Es ist ratsam, am Anfang nur einen Teelöffel voll, aufgelöst in Fisch- oder Fleischsoße, zu probieren, sonst ist das Hauptgericht nicht mehr zu schaffen, denn Gofio sättigt enorm. Die Canarios glauben auch an eine andere Wirkung des malzigen Mehls: „Gofio gibt uns die Kraft, die uns die Frauen nehmen.“*

Ein Hoch auf die Kartoffel

Beinahe einem Kult gleicht bei kanarischen Köchen die Behandlung der Kartoffel. Mehr als 30 Sorten soll es auf den Inseln geben. Nicht wegzudenken vom kanarischen Esstisch sind die Papas arrugadas: Kleine Kartoffeln werden in Wasser mit Meersalz so lang gekocht, bis das Wasser verdampft ist und die Schalen der Kartoffeln runzelig und mit Salz beschichtet sind. Sie werden mit der Schale gegessen und natürlich mit scharfer Soße, der Mojo (zum Selbermachen siehe Kasten S. 16), gewürzt.

Bei den Fleischgerichten nehmen Kaninchen einen wichtigen Platz ein, an erster Stelle als Conejo en Salmorejo. Das Fleisch, ähnlich wie Gulasch in Stücke geschnitten, wird mindestens eine Nacht lang in einer Marinade eingelegt. Beliebt sind auch Gerichte vom Lamm (cordero) und Zicklein (cabrito). Cabrito en Adobo ist Fleisch von junger Ziege, eingelegt in Wein mit Knoblauch und Kräutern, dann im Backofen geschmort.

An den Küsten Lanzarotes und Fuerteventuras beherrschen Fisch und Meeresfrüchte die Rezepte. Im Prinzip sind sie recht einfach, nach dem Motto der Marktfrauen: „Un buen pescado no necesito ayuda!" (ein guter Fisch braucht keine Unterstützung). Fisch mit einem Kräuterzweig füllen, in dünnem Eierteig wälzen und ausbacken, danach etwas Zitrone darüberträufeln. Viele Kinder haben oft Angst vor Gräten, also bestellen Sie am besten Fischfilet. Folgende Fische schmecken meist auch den jungen Urlaubern: Hering (arenque), Kabeljau (bacalao), Seelachs (carbonero), Schellfisch (abadejo), Seehecht (merluza) und Makrele (caballa).

Eine kanarische Spezialität: Gebratener Fisch wird mit der scharfen Mojo serviert

Direkt am Meer bei Musik ein üppiges Mahl genießen: Urlaub!

Etwas für Leckermäuler

Das Schlemmermahl wird mit einem typisch kanarischen Postre, dem Nachtisch, abgeschlossen. Die Spitze süßer Leckereien ist der Bienmesabe, auf Deutsch: „Schmeckt-mir-gut". Die Herstellung ist recht aufwendig: Zerhackte Mandeln werden in frisch gekochten Zuckersirup gegeben, dazu kommen süßer Malvasierwein (keine Angst, der Alkohol verflüchtigt sich), Honig, Ei, Zitrone und Feigenmus. Verdünnt wird mit Milch und Eiweiß.
Wer weniger auf Süßes steht, lässt sich die Käseplatte bringen. Der Reichtum an kanarischen Käsesorten ist überraschend. Kenner schätzen das spezifisch kanarische Aroma: rein, leicht säuerlich und etwas salzig. Eine gute Adresse für Käse auf Fuerteventura (auch als Mitbringsel) finden Sie im Kasten auf S. 114.

Für die durstige Kehle

Zum kanarisch-kulinarischen Hochgenuss gehört der richtige Wein. Kenner bevorzugen jungen kanarischen Wein. Er hat das richtige Aroma, ist leicht und bekömmlich. Durchgesetzt hat sich vor allem der Malvasia vom vulkanischen Lanzarote. Bier gibt es für alle Geschmäcker, natürlich sind deutsche Marken vorhanden, aber auch die spanischen sollte man probieren. Es gibt die gängigen Getränke von Cola bis zur süßen Zitronenlimo, oft auch Apfelschorle. Speziell aber erhält man oft frisch gepresste Säfte aus tropischen Früchten. Das Wasser, das oft zum Kaffee gereicht wird, kommt aus großen Gebinden oder vom Supermarkt (siehe Kasten S. 7).

Mojo picante selbst gemacht

Für die scharfe Basis rote Peperoni auf den Inseln kaufen, möglichst die getrockneten. Eine Woche lang in Weinessig einlegen, den Essig abgießen und aufbewahren. Paprikaschoten zu einer Paste zerstampfen. Im Mörser Meersalz mit Knoblauch und Kümmel zerdrücken, unter die Paste mischen und in Olivenöl einlegen. Für eine tischfertige ***Mojo picante*** *macht man zusätzlich einen Brei aus süßer Paprika. Ideal sind wieder die von einem kanarischen Markt gekauften und aufgefädelten großen, getrockneten Paprikaschoten (pimiento), die man in Essigwasser einweicht. Den Brei je nach Geschmack mit der scharfen Paste mischen und mit Olivenöl, etwas Paprikapulver sowie dem aufbewahrten scharfen Essig verrühren.*

KINDERFREUNDLICHE STRÄNDE

Fuerteventura

Die relativ karge Insel zeichnet sich vor allem durch ihre grandiosen Strände aus. Manche türmen hinter sich gewaltige Dünen auf, die meisten gehen flach in das Meer über, sind also für Familien mit kleinen Kindern besonders gut geeignet. Beliebt sind die Strände bei Corralejo im Norden, doch das Highlight ist die Halbinsel Jandía mit ihren kilometerlangen, meistens vor Wellen geschützten, hellen Sandstränden. Die Weststrände sind etwas zu wild zum Schwimmen, aber ein Paradies für junge Draufgänger, Wellenreiter und Surfer. Die anderen begnügen sich mit der Sonnenanbetung, einem Fußbad und einer Wasserschlacht.

El Cotillo und die Perlenkette

Am schönen, 1 km langen und unterschiedlich breiten Sandstrand **Playa del Cotillo**, südlich des Fischerortes El Cotillo, treffen sich vor allem Ruhe suchende Sonnenanbeter. Vom Schwimmen ist wegen der Unterströmung abzuraten, erfahrene Wellenreiter haben jedoch auch hier ihr Vergnügen. In seiner südlichen Fortsetzung heißt der Strand Playa del Aljibe de la Cueva und Playa del Águila.
Etwas belebter geht es im Norden des Fischerortes **El Cotillo** zu. Dort gibt es eine Reihe von Stränden bis hoch zum Faro de Tostón (siehe S. 38). Der schönste Strand der Perlenkette ist **La Concha**, 200 m lang, 50 m breit, wegen des sanften Einstiegs und wenig Wellen – ein natürliches Riff schützt die Bucht – für Kinder bestens geeignet. Er wurde jetzt mit der Blauen Flagge

Blaue Flagge

*Mit der **Blauen Flagge** ausgezeichnete Strände sind für Familien besonders zu empfehlen. Das Gütesiegel wird von der europäischen Institution **FEE** (Foundation for Environmental Education) vergeben. Gemeinden, welche die blaue Flagge am Strand aufziehen möchten, müssen 32 Kriterien erfüllen, u. a. Umweltschutz, Wasserqualität, Sicherheit und Serviceangebot. Es gibt also Rettungsschwimmer, Rotes-Kreuz-Stationen, Sanitäranlagen, Verpflegung, Mietmöglichkeit von Sonnenschirmen und Liegen etc. Die Flagge, auf der jeweils die Jahreszahl steht, kann nur für ein Jahr erworben werden, dann werden alle Kriterien neu überprüft.*

ausgezeichnet, ein Strandrestaurant ergänzt die Ausstattung. Beim Einstieg sind Badeschuhe zu empfehlen, denn an manchen Stellen liegen Felsen im Wasser. Ein besonderes Kindervergnügen: Bei Hochflut bildet sich eine Lagune. Das Meer ringsum ist sehr fischreich, also ein Platz für Schnorchler.

Anfahrt: *von Corralejo westwärts über Lajares bis El Cotillo (20 km), dann zu Fuß an die Playa del Cotillo oder etwa 2 km Richtung Faro de Tostón an die Playa de la Concha.*

Die fischreiche Lagune von La Concha ist ein Paradies für Schnorchler

Corralejo und El Jable

An der Küste der Stadt **Corralejo** gibt es mehrere Strandabschnitte. Besonders beliebt und belebt ist die südlich gelegene **Playa Galera**, flach abfallend und windgeschützt, also für Kinder bestens geeignet. Es gibt hier Beachbars, Strandrestaurants und eine Windsurfschule sowie einen schönen Blick auf die Insel Lobos (siehe S. 88). Am Ende von Corralejo beginnen die **Playas Grandes**, die sich bis etwa 11 km nach Süden ausdehnen. Der nördliche Teil vor den Riu-Hotels Palace Tres Islas und Oliva Beach Resort (siehe S. 112), auch als **Playa del Viejo** oder Flag Beach bekannt, bekam die Blaue Flagge. Der Abschnitt ist flach und für Kinder hervorragend geeignet. Es gibt nur einen Strandkiosk und keine eigenen sanitären Anlagen, deshalb ist das Prädikat wohl eher für Gäste der beiden Hotels relevant. Weiter südlich beginnt das Naturschutzgebiet **El Jable** mit der berühmten Dünenlandschaft. Hier schützen Stein- und Sandburgen vor dem Wind.

Anfahrt: *FV-1, mehrere Bushaltestellen, Parkplätze in den Seitenstraßen.*

Hier gibt es Kinderteller

In Corralejos Restaurants gibt es Kinderteller und eine große Tapasauswahl bei ***Cofradía Pescadores****, Avenida Marítima 5, an der Mole (Muelle Chico): Fisch, Hähnchen, Steaks;* ***Marquesina****, Muelle Chico: Grillfleisch und Fisch, mit sonniger Terrasse an der Promenade;* ***El Rincón de Périco****, Calle Iglesia 5: große Tapasauswahl, auch Paella.*

Der Strand von Caleta de Fuste bietet Platz für Sonnenbad und Spiel

Caleta de Fuste

Am Rand der ausgedehnten Feriensiedlung **Caleta de Fuste** liegt eine künstlich geschaffene halbmondförmige Sandbucht (700 x 40 m). Weil flach und vor Wellen geschützt, ist sie selbst für Nichtschwimmer besonders gut geeignet. Manche Hotelanlagen (siehe S. 112) haben direkten Zugang zum Strand, wo es auch Spiel- und Beachvolleyballplätze gibt. Vor Ort können Tretboote und Jetskis (siehe Kasten rechts) ausgeliehen werden. An der angrenzenden Promenade befinden sich zahlreiche Beachbars und Restaurants. Behindertengerechter Zugang.

Anfahrt*: Von beiden Richtungen über die FV-2 Richtung Aeropuerto, 9 km südlich des Flughafens ist der Ferienort nicht zu übersehen.*

Las Playitas

Auch im aufstrebenden **Las Playitas** hat der Tourismus Fuß gefasst. Und gleich bekam der gepflegte Strand, die schwarze **Cala de las Playas**, die Blaue Flagge. 700 m lang ist er, allerdings nur 30 m breit. Der Einstieg ins Wasser ist sanft, der Kinderspielplatz abwechslungsreich, rundum gibt es zahlreiche Restaurants und empfehlenswerte Unterkünfte (siehe S. 111).

Anfahrt: *2 km vor Gran Tarajal zweigt die Straße nach Las Playitas ostwärts ab, 5 km bis zum Strand.*

Costa Calma

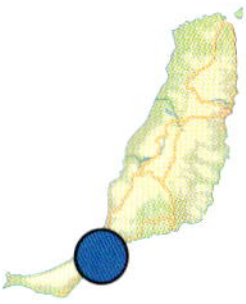

Die **Costa Calma** ist eine wuchernde Feriensiedlung links und rechts der FV-2. Beliebt ist der von Hotels und Apartments eingerahmte, knapp 2 km lange und 30 m breite gleichnamige Sandkiesstrand, welcher mit der Blauen Flagge ausgezeichnet wurde. Er ist flach abfallend und selten gibt es hohe Wellen, daher ist er für Kinder gut geeignet. Da hier stets ein leichter Wind weht, ist dieser Strand bei Surfern sehr beliebt, die einen abgetrennten Bereich nutzen können; streckenweise gibt es kleine FKK-Badebuchten. Strandbars und Restaurants sind vorhanden sowie sanitäre Anlagen, Umkleidekabinen, Strandwacht und Erste Hilfe. Es gibt ein Windsurfcenter, Bananaboote und Jetski (siehe Kasten).

Anfahrt: *von Jandía Playa auf der FV-2 etwa 24 km nordwärts.*

Und was kosten denn ...?

2 Liegen + 1 Schirm: zwischen € 7 und € 9 pro Tag;
Jetski: 20 Min. € 40;
Bananaboot: 10 Min. € 10 pro Person;
Pedalo (für 4 Personen), halbe Stunde ab € 6.
Es handelt sich um Zirkapreise, die je nach Ort auch höher liegen können.

An der sonst kargen Küste liegt Costa Calmas „Wald": der größte der Insel

Die Playas de Sotavento, Esquinzo und Butihondo

Bekanntheit erlangte die **Playa de Sotavento** als Austragungsort der Windsurfing- und Kiteboarding-Weltmeisterschaften und durch die hohen Dünen, die den Mittelpunkt des 5 km langen Strandabschnitts bilden. Ein Aufenthalt an der Wanderdüne, deren Zentrum nach dem Bergzug El Paso (253 m) auch **Risco del Paso** genannt wird, gehört zu einem Jandía-Urlaub dazu. Der einzige für Fahrzeuge zugelassene Weg geht von der FV-2 bei Kilometer 72 Richtung Strand ab. Nach 2 km endet die Zufahrt beim **Surfcenter René Egli** [Playa Sotavento, Tel. 928 54 74 83, info@rene-egli.com, www.rene-egli.com], rechts davon türmt sich die Wanderdüne auf. Vorher durchwatet man eine Lagune, in der Schüler des Surfcenters üben. Hier oben am nördlichen Ende des Strandes gibt es auch ein Restaurant und öffentliche Toiletten. Einfach haben es Gäste der nahe liegenden Hotelsiedlungen der Playa Barca (2 km) und der Costa Calma (6 km), sie können die mächtigen Sandberge zu Fuß erreichen. Für sportliche Gäste der südlich liegenden Playas de Esquinzo und Butihondo gilt dies ebenso, sie müssen für den morgendlichen Strandspaziergang 6 bis 8 km bewältigen.

Gigantisch türmt sich die Wanderdüne an der Playa de Sotavento auf

Traumhaft groß (1,2 km x 20 m), mit feinem weißen Sand, sanft ins Meer abfallend und kaum störender Wellengang: Die **Playa de Esquinzo** ist gut für Kinder geeignet. Hier sind weite Strandspaziergänge möglich, doch Vorsicht bei Flut, sie überschwemmt den schmalen Sandstreifen an manchen Stellen: Dann muss man durch das Nass zurückwaten. Die Playa de Esquinzo geht im Süden in die **Playa de Butihondo** über, die ganz ähnliche Ausmaße hat. An diesem Strand weht die Blaue Flagge zu Recht, denn alle Anforderungen bezüglich Sauberkeit und Sicherheit des Strandes werden hier erfüllt. An der Grenze zwischen den beiden Stränden gibt es eine Strandbar und öffentliche Toiletten.

Anfahrt: *Sotavento: auf der FV-2 bei km 72 Richtung Meer abbiegen (2 km). Esquinzo und Butihondo: von Jandía Playa etwa 6 km nordwärts, dann den Schildern folgen.*

Playa del Matorral

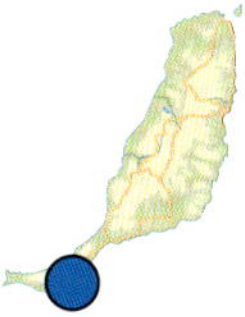

Der Hauptstrand von **Jandía Playa** erstreckt sich über 3 km und ist meist 60 m breit, mittendrin der schlanke Leuchtturm (Faro), der aber nur von außen zu bestaunen ist. Kinder fühlen sich hier sehr wohl, der Einstieg ist flach, das Wasser ruhig. Zwischen Promenade und Strand durchquert man über schmale Wege das naturgeschützte Salzwiesenbiotop **Saladar de Jandía**, welches sich über 2 km am Strand entlangzieht. Gelegentlich wird es überflutet, dann muss man sogar durch das salzige Wasser waten, ein besonderer Spaß für die Kids. Im Biotop gedeiht eine außergewöhnliche Flora, vorwiegend Halophyten, die Salzwasser vertragen. Kein Wunder, dass das Strandparadies von **El Matorral** mit der Blauen Flagge ausgezeichnet wurde. Direkt am Strand ist nur Platz für einige Beachbars. Dahinter aber reihen sich Hotelanlagen, Restaurants und Bars sowie Centros Comerciales (C. C., Einkaufszentren) aneinander. Letztere dienen der Orientierung, denn Straßenschilder fehlen meist. Am Ende des Matorral-Strandes beginnt eine wunderschöne, 2 km lange Promenade nach **Morro Jable**. Der frühere Fischerort hat wenigstens in Küstennähe noch etwas von seiner Gemütlichkeit bewahrt. Vor allem an der Strandpromenade kommt schnell Stimmung auf, hier duftet es schon am frühen Mittag nach Fisch und Knoblauch aus den Küchen der zahlreichen Restaurants (siehe Kasten).

Die Salzwiesen von Jandía beherbergen seltene Tier- und Pflanzenarten

Fressgassen in Morro Jable

*Bummelt man in Morro Jable die **Avenida del Mar** und ihre Nebengassen entlang, hat man die Qual der Wahl. Öffnungszeiten liegen zwischen 11 und 22/23 Uhr. Gute Fischgerichte zum mittleren Preis gibt es in der Avenida zum Beispiel hier:*

***Laja**, Nr. 18: auch Paella, mit Wintergarten;*

***La Gaviota**, Nr. 27: großes Terrassenrestaurant, Di-Do Livemusik.*

Und hier gibt es leckere Tapas, die auch den Kindern schmecken:

***El Dorado**, Calle Carmen 31: Mo-Sa 8-16 Uhr, am oberen Ortsrand, viele Einheimische.*

***Anfahrt:** FV-2 zum Ferienort Jandía Playa, an der Uferpromenade.*

Lanzarote

Grob eingeteilt eignet sich der Norden und Nordosten Lanzarotes bis hinunter nach Costa Teguise für Surfer und Wasserabenteurer. Hier sollte man ein Segel, ein Surfbrett oder einen Flugdrachen im Reisegepäck haben. Dieser Teil der Insel liegt nämlich im ständigen Nordostpassat. Für Windsurfer ist an Costa Teguises Playa de las Cucharas ein ganzer Strandabschnitt reserviert. Molen garantieren auch für Anfänger „sanftes" Gleiten. Anders ausgedrückt: Nur wer mit Gabelbaum und Funboard sehr gut vertraut ist, sollte v o r der Mole den Kampf mit den Winden aufnehmen. Ganz besonders beliebt sind die Urlaubsgebiete des Südens bei Schwimmern, und auch Nichtschwimmer können hier getrost durch das niedrige Wasser tanzen, denn die Strände sind flach abfallend und verhältnismäßig frei von Winden, ein Paradies vor allem für Familien mit Kindern.

Wellenbrecher machen das flache Wasser auch für Nichtschwimmer sicher

Costa Teguise

Die vier Hauptstrände der Retortenstadt liegen unterhalb der Promenade mit Bars, Restaurants und Eisdielen. Alle verfügen über feinen Sand, der Einstieg ins Meer ist flach, aber man geht schnell auf felsigem Untergrund, also Badeschuhe anziehen. Es weht ständiger Wind, ein Plus für Windsurfer.
Die **Playa de los Charcos** ist ein kleiner, relativ windgeschützter Sandstrand neben dem Hotel Gran Meliá Salinas.
Die **Playa de las Cucharas**, 700 m lang, etwa 100 m breit, liegt etwas mehr im Wind, aber zwei Molen halten die Wellen zurück: Auch kleine Kinder können hier gefahrlos planschen. Hinter dem Strand ist ein Bummel durch die vom Inselarchitekten César Manrique konzipierte Ferienhaussiedlung Pueblo Marinero (Fischerdorf) eine angenehme Abwechslung. Behindertengerechter Zugang. Windig ist auch die kleine **Playa del Jablillo**. Der Strand wird jedoch durch einen langen Wellenbrecher und einen schwarzen Lavafelsen geschützt, ein Plus für Nichtschwimmer.
Die **Playa Bastián** am Südrand des Badeortes ist umrahmt von Lapilli-Gärten und Palmen. Lapilli sind schwarze und braune Lavakörner, welche hier statt normaler Erde benutzt werden. Wegen seiner Lage am Stadtrand insgesamt weniger belebt als die anderen Strände an der Costa Teguise, ist er für Kinder und Nichtschwimmer ideal.

Anfahrt: *im Ort gut ausgeschildert, Parkmöglichkeiten im Zentrum sind sehr beschränkt. Jeder Strand besitzt eine eigene Bushaltestelle.*

Playa del Reducto

Bei einem Besuch der Inselhauptstadt **Arrecife** (siehe ab S. 58) bietet der 500 m lange Stadtstrand **Reducto** Gelegenheit für eine erfrischende Pause. Die durch vorgelagerte Riffe geschützte Bucht ist frei von Wellen und der Übergang ins Wasser ist flach. So können auch die Kleinen getrost durchs Wasser planschen und Burggräben ziehen, denn der Strand ist ideal für Kinder. Ein paar Palmen spenden zudem Schatten, eine gute Gelegenheit, der oft gleißenden Sonne für ein paar Momente zu entgehen. Das Fehlen von Wassersportaktivitäten garantiert ruhiges Sonnen und Baden. Am Strand befinden sich auch sanitäre Anlagen und ein kleiner Kiosk sorgt für Snacks oder gar ein Eis. Im Hintergrund befinden sich einige Restaurants, falls der Hunger doch größer ist. Behindertengerechter Zugang.

Anfahrt: *zwischen dem Grand Hotel und dem Stadtpark.*

Puerto del Carmen

Im Süden Lanzarotes gehört vor allem rund um **Puerto del Carmen** die Küste den Badefans, Sonnenanbetern und Sandburgenbauern. Hier dominieren kinderfreundliche, langsam abfallende und windgeschützte Sandstrände. Die vier Strände der Stadt besitzen eine sehr gute Infrastruktur und wurden allesamt mit der Blauen Flagge ausgezeichnet. Hinter ihnen erstreckt sich eine kilometerlange Strandpromenade mit unzähligen Bars, Restaurants, Eisdielen, Boutiquen und Einkaufszentren.

Die **Playa Matagorda** liegt etwas außerhalb des Zentrums, hier beginnt eine Promenade bis **Arrecife** (siehe Kasten rechts). Der regelmäßige Wind garantiert Windsurfern sportliches Vergnügen.

Die **Playa de los Pocillos** ist 1 km lang und mit 150 m sehr breit, bietet also viel Platz. Sie liegt zwischen den Hotels San Antonio und Los Jameos Playa (siehe S. 113). Direkt am Strand ist das Wasser so flach, dass man weit hinauswaten kann, bis die sanften Wellen die Knie küssen. Behindertengerechter Zugang.

Die **Playa Grande** liegt mitten im lebhaften Zentrum. Sie wurde früher auch Playa Blanca genannt, doch um Verwechslungen mit dem Badeort zu vermeiden, gab es eine Namensänderung.

Burgen bauen, Gräben ziehen: Auch Nichtschwimmer haben hier viel Spaß

Nachtbummel durch Puerto del Carmen

*Wenn es ums nächtliche Vergnügen geht, sind im Urlaubsort **Puerto del Carmen** unzählige Adressen zu finden. Zentrum für Nachtbummler sind die **Avenida de las Playas**, die Strandpromenade, und im alten Teil am Fischerhafen die **Avenida del Varadero**. Hier könnte der Nachtbummel starten: Im **C. C. Atlántico** (Av. de las Playas 45, 21-4 Uhr) ist **Charlie's** mit Livemusik seit Jahren beliebt. Wer schon tagsüber Stimmung schnuppern will, geht ins **Café del Carmen** (Av. de las Playas 23-24, 9-3 Uhr). Am alten Hafen kann man im **San Miguel** in der Av. del Varadero s/n schon früh um 8 Uhr frühstücken, mittags speisen, heiße Musik gibt es dann auf der Terrasse bis spät nachts um 3 Uhr.*

Kinder voran! Zu Fuß nach Arrecife

Ein Tipp für stramme Fußgänger und Radfahrer, aber auch für Familien, die nicht ständig am Strand bleiben möchten und deren Kinder ein wenig Auslauf brauchen. Die Hauptstadt ***Arrecife*** *(siehe ab S. 58) ist mit* ***Puerto del Carmen*** *durch eine* ***ausgebaute Promenade*** *verbunden. Über 11 km führt sie stets am Meer entlang. In der Nähe des Flughafens die Ohren schützen! Wer den Fußmarsch wagt, kann mit dem Linienbus zurückfahren.*

Dieser Strand ist ebenfalls 1 km lang, etwa 100 m breit und vom Boulevard durch Blumen und Büsche getrennt. Durch seine Nähe zum Zentrum mit Bars und Geschäften wird er von Familien mit Kindern sehr geschätzt.
Ein kleinerer Strand liegt im alten Ortsteil unterhalb des Hotels Los Fariones und somit etwas abseits vom Rummel.
Die **Playa de la Barilla** wird wegen ihres feinen Sands, des sanften Zugangs zum Meer und der angenehmen Umrahmung mit Palmen auch Baby Beach genannt. Das Wasser eignet sich gut zum Schnorcheln und Tauchen, direkt am Strand ist eine Schule vorhanden [Safari Diving, Tel. 928 51 19 92, www.safaridiving.com]. An der kleinen Promenade befinden sich Restaurants und Eisdielen.

Anfahrt: *zu Fuß an der Avenida de las Playas, gute Busverbindungen von anderen Orten. Mit dem Auto aus allen Richtungen über die LZ-2, weiter über die LZ-504 oder LZ-505, Parkplätze an den Stränden sind schnell besetzt.*

Playa Blanca

Der inzwischen nach allen Seiten ausgeuferte Badeort **Playa Blanca** im Südwesten der Insel ist immerhin im Zentrum noch übersichtlich und schnuckelig. Die drei Strände in dieser Ecke verdienen alle das Prädikat „für Kinder sehr geeignet“ und alle wurden mit der Blauen Flagge dekoriert, bieten also eine sehr gute Versorgung, Sicherheit und Sauberkeit. Und noch ein Plus für Playa Blanca: Hier werden die meisten Sonnenstunden verzeichnet!

Abenteuer pur! An den Stränden gibt es Aktivitäten für Groß und Klein

Vor dem Wochenende bieten die Papagayos paradiesische Ruhe

In Richtung Sporthafen Marina Rubicón, im Osten des Ortes, liegt die **Playa Dorada**, ein künstlich angelegter, großer, aber wenig breiter Sandstrand. Gerade für kleine und unerfahrene Schwimmer ist dieser Strandabschnitt ideal, da hier kaum Wellengang herrscht.

Beim **Hauptstrand** im Zentrum des Badeortes handelt es sich um eine kleine natürliche Sandbucht unterhalb mehrerer netter Fischrestaurants. Hier wird es bei Flut sehr eng, es sind vorwiegend die Kinder der Einheimischen beim Planschen anzutreffen.

Ein ideales Schwimmbecken für Kinder ist die **Playa Flamingo** im Westen des Ortes. Das Wasser ist flach und durch Molen windgeschützt, am Rand befinden sich Schatten spendende Bäume.

Eine Perlenkette von Stränden, Natur pur, flacher Einstieg ins Meer und natürlich auch die meisten Sonnenstunden der Insel, das gilt für die sieben naturbelassenen **Playas de Papagayo** südöstlich des Badeortes Playa Blanca, zu Füßen des **Ajaches-Gebirges**. Sie sind ab Playa Blanca mit dem Auto, Fahrrad, zu Fuß oder mit dem Bootstaxi zu erreichen. Das **Bootstaxi** legt vom Hafen von Puerto Blanco und der Marina Rubicón ab. Zeiten und Preise wechseln häufig und sind vor Ort angeschrieben [Erw. etwa € 15, Kinder (6-12 J.) € 7]. Auch eine Abholung vom Strand wird angeboten, doch ist der Aufenthalt dadurch sehr eingeschränkt: Ein Trip zu Fuß lohnt sich! Das naturgeschützte Gebiet musste vor rücksichtslosen Autofahrern geschützt werden. Deshalb gibt es jetzt für die Motorisierten eine kontrollierte Sandpiste, an deren Schranke Gebühr bezahlt werden muss, zurzeit € 3 pro Fahrzeug.

Zum Landeplatz der Eroberer

Im Jahre 1402 durften normannische Eroberer unter ihrem Anführer Jean de Béthencourt im Gebiet ***Los Ajaches*** *mit Erlaubnis des Guanchenkönigs Guardafía siedeln. Für junge Pfadfinder ist es sicher einfach, ihre letzten Spuren zu finden. Oberhalb des* ***Pozo-Strandes****, welcher zu den Papagayos gehört, dort wo der Barranco beginnt, stehen die Ruinen eines Wehrturms, einige Pozos (Brunnen) und ein einsames Kreuz. Hier soll damals die erste Kapelle gebaut worden sein, die 1404 zur Kathedrale erhoben wurde.* ***San Marcial del Rubicón****, Schutzpatron und erster Bischof von Lanzarote, war das Gotteshaus geweiht* (*siehe ab S. 82*)*. Die Forschungen zum Gebiet Los Ajaches sind noch im Gange.*

Von der Piste aus sind die Strandabschnitte problemlos zu erreichen. Die meisten sind von Felsklippen geschützt und bieten einen wunderbaren Blick auf Fuerteventura und Lobos (siehe S. 88). Das Paradies hat allerdings am Wochenende seine Macken, wenn es sich in eines der beliebtesten Ausflugziele der Lanzaroteños verwandelt. Paradiesische Ruhe gibt es dann höchstens noch an den abgelegenen kleineren Buchten.

Anfahrt: *Nach Playa Blanca über die LZ-2, Parkplätze sind rar, gute Busverbindungen. Zu den Playas de Papagayo mit dem Auto von der LZ-705 etwa 2 km vor Playa Blanca auf die Piste, dann ausgeschildert. Sie sind auch über einen Fußweg in Küstennähe ab Playa Blanca erreichbar, vom Sporthafen bis zum Anfang der Playas sind es ca. 3 km, dann am Strand entlang zu den nächsten Abschnitten.*

Playa de la Madera

Am nördlichen Ende des **Parque Nacional de Timanfaya** (siehe S. 100) liegt die **Playa de la Madera**. Bei diesem Strand handelt es sich immer noch um einen Geheimtipp, welcher vorwiegend von Wanderern aufgesucht wird. Auch mit dem Fahrzeug ist der Weg zu bewältigen, oder man stellt es in Teneza ab und läuft einen Teil der Strecke von dort. Zunächst geht es zu den **Islotes**: weiße Inseln im schwarzen Feld, ausgeblichener Vulkanboden aus vorgeschichtlicher Zeit. Ist die Badebucht erreicht, lässt sich das Chaos von Meer und basaltischen Klippen erleben, es tost und donnert zwischen Grotten und Höhlen und Angler werfen ihre langen Ruten aus. Ins Wasser wagt sich hier jedoch niemand, die Wucht der Wellen fordert Respekt, zu Recht. Und doch finden die jungen Ausflügler ihren erfrischenden Spaß: Im Lavagewusel haben sich kleine Felsenpools gebildet, die ständig von Ausläufern der Wogen nachgefüllt werden. Die Wassertemperatur reicht von erfrischend kühl bis mollig warm, je nachdem, ob gerade von der Flut frisches Wasser nachgespült wurde oder die Pools sich schon eine Weile bei Ebbe aufheizen konnten.

Anfahrt: *von Tinajo 3,5 km nach Westen, südlich der Montaña Teneza nach rechts (Richtung Playa de Teneza, 4 km), geradeaus zur Playa de las Malvas, 1 km weiter liegt die Playa de la Madera (insgesamt 8,5 km).*

Die Playa de la Madera ist ein echter Geheimtipp: Der Ausflug lohnt sich!

Playa de Famara

Man sagt, dieser Strand sei der schönste der Insel, und kaum einer, der ihn sieht, kann widersprechen. 2 km lang, bis zu 100 m breit, feiner Sand, ständig stürmen gischtende Wellen ans Ufer, Surfer wagen den Ritt auf den stürzenden Wogen, weiter draußen nutzen Windsurfer und Kiter die Winde. Drachen- und Gleitschirmflieger springen vom **Risco de Famara** (siehe S. 67). Vom Schwimmen ist hier abzuraten, sobald das Wasser tiefer wird, kann die Unterströmung Waghalsige in Sekundenschnelle in den Atlantik ziehen. Es bleibt aber genügend Raum im flachen Wasser für Erfrischung und Spiele. Der Ort **La Caleta de Famara** (siehe S. 73) mit seinen Restaurants ist nur 2 km entfernt.

Nicht nur für Kiter und Surfer ist die Playa de Famara ein Paradies

Anfahrt: *von Teguise nordwärts auf schmaler Straße 7 km zur LZ-402, nach 2 km steht eine alte Windmühle, dahinter ist der Strand zu sehen.*

Die Caletones

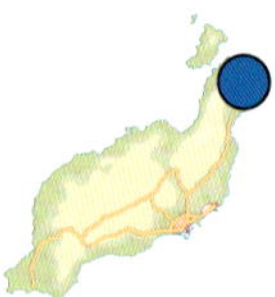

An der LZ-1 Richtung **Órzola** durchquert man die schwarze Landschaft **Malpaís de la Corona** (siehe S. 65). Mittendrin liegt die Dünenlandschaft **Los Caletones** mit mehreren weißen Sandstränden mitten im Lavafeld, z. B. Mojón Blanco oder Caleta del Mero. Obwohl sie im Norden der Insel liegen, ist das Wasser dieser weniger bekannten Strände durch Lavafelsen geschützt und eher ruhig. Die größte Bucht hat zwar keinen Namen, aber einen kostenfreien Parkplatz inmitten der wilden Landschaft, Schatten gibt es hier allerdings nicht. An den anderen Stränden in dieser etwas abgelegenen Gegend kann auch einfach am Straßenrand geparkt werden. Aufregend für kleine Naturforscher: Bei Ebbe bilden sich kleine Seen zum Planschen oder zum Gucken, denn hier sind kleine Fische, Muscheln und Krebse zu entdecken. Aber Vorsicht! Wer hier seine Decke ausbreitet, sollte auf die Gezeiten achten, denn sonst liegt man bei Flut plötzlich mitten im Wasser.

Anfahrt: *von Norden und Süden über die Küstenstraße LZ-1.*

ZEHN TOUREN, DIE ALLEN SPASS MACHEN

Tour 1: Puerto del Rosario, aus tiefem Schlaf erwacht

Plaza de España • Avenida de los Reyes de España • Park der Skulpturen • Nuestra Señora del Rosario • Parque de la Ciudad • Casa Museo Unamuno

Wo: Fuerteventuras Hauptstadt, an der Ostküste – Wie: mit dem Bus in die Hauptstadt, dort zu Fuß – Dauer: ein halber Tag – Nicht vergessen: Kamera, Stadtplan

Fuerteventuras Hauptstadt wird immer interessanter. In den letzten Jahren wurde sie mit zahlreichen Kunstwerken geschmückt, ein Reiz für eine lehrreiche Stadttour voller Abwechslung. Dann wurde eine Fußgängerzone mit Boutiquen und Bars geschaffen, schließlich begegnet man rund um den Hafen der entsprechenden Weltmeerstimmung. Kurzum: Der frühere Ziegenhafen wandelte sich nach und nach zum abwechslungsreichen Ausflugsziel.

„Las Cabras" erinnern noch heute an den ehemaligen Ziegenhafen

In jeder großen Stadt gibt es Parkplatzprobleme, so auch in **Puerto del Rosario**. Doch ist die Hauptstadt der Insel von allen Urlaubsorten aus bequem mit dem Bus erreichbar. Die Einheimischen nennen dieses Transportmittel Guagua (sprich: wawa). Verbindungen gibt es stündlich zwischen 7 und 22 Uhr: ab Corralejo Bus Nr. 6, ab Caleta de Fuste Bus Nr. 3, ab Morro Jable Bus Nr. 1. Fährt die Familie trotzdem mit dem Mietauto, folgen Sie dem Wegweiser „Puerto" zum Start der anstehenden Rallye. Am lebhaften Fähr- und Handelshafen sind auch Parkplätze zu finden.

Schluss mit dem verächtlichen „Ziegenhafen"

Mehr Tiefschläge als wirtschaftliche Erfolge plagten den Hafenort lange Zeit. Als „Puerto de Cabras" (Ziegenhafen) für die Versorgung der Handelsschiffe mit Fleisch hatte es angefangen. Lange Zeit besaß der 1860 zur Inselhauptstadt gewählte Hafenort diesen Namen. Die Einwohner litten sehr darunter und 1956

Pizza im „Schiffbruch“

*Die Cafeteria **Naufragio** (Avenida 1 de Mayo/Ecke Calle Jesús y Maria. Di-So 10-22 Uhr) ist nicht nur wegen der leckeren Pizza bekannt, die mit einem lustigen, hammerähnlichen Werkzeug in mundgerechte Stücke zerlegt wird. „Naufragio“ heißt Schiffsbruch, und egal ob Bullaugen, Bar bis hin zur Türklinke, alles stammt aus dem Passagierschiff **„American Star“**, welches 1994 vor Fuerteventuras Westküste auf einer Sandbank zerbrach. Damals wurden viele Majoreros zu kleinen Piraten und plünderten den Dampfer. Inzwischen sagt man, sie retteten das Schiffsinventar, denn der Luxusliner versank stets weiter. Heute ist nur die Bugspitze zu sehen – noch.*

wurde er endlich durch den Namen der Schutzpatronin abgelöst. Seitdem heißt die Stadt Puerto del Rosario. Allerdings entdecken aufmerksame Stadtbummler im Wappen neben einem Handelsschiff immer noch die Meckerziege, sozusagen als Erinnerung an die Vergangenheit. Denn nach vielen wirtschaftlichen Pleiten war den Stadtvätern bald klar: Nicht mehr der Handel, nur der inzwischen auf der Insel florierende Tourismus konnte die Metropole retten. Dazu musste sie jedoch schöner werden und kulturell einiges bieten. Nach jahrelanger Anstrengung kann der Besuch der Hafenstadt heute empfohlen werden.

Die kinderleichte Skulpturentour

Über 2 km erstreckt sich die hübsch gestaltete Uferpromenade, die **Avenida de los Reyes de España**, die an der Plaza de España beginnt. Auf den Grünstreifen mit ihren Schatten spendenden Palmen und Indischen Lorbeerbäumen laden Ruhebänke und Kinderspielplätze zur Rast ein. Wer die Promenade entlangschlendert, wird einen Teil des **Parks der Skulpturen** entdecken, dessen inzwischen mehr als 100 Kunstwerke sich über die Stadt verteilen und ihre Vergangenheit und Bräuche widerspiegeln. Zunächst befindet sich am Hafeneingang „El Marinero“, der Seemann. In der Nähe der Plaza de España folgen „Las Caracolas“, die Meeresschnecken, Symbol der Beziehung zwischen Stadt und Meer. Weiter südlich steht „El

Abstecher für Kunstkenner

*An Kunst Interessierte wählen von der Plaza de España entgegengesetzt zur Uferpromenade den Weg über die Avenida de Ruperto González Negrín zum **Centro de Arte Juan Ismael** (Calle Almirante Lallermand 30. Di-Sa 10-13.30 und 17-21 Uhr. Eintritt frei). Kanarische und internationale Künstler stellen auf mehreren Etagen Gemälde, Plastiken und audiovisuelle Kunstwerke aus, darunter auch welche des aus La Oliva stammenden Surrealisten Juan Ismael.*

Das Überseegepäck steht für die migrationsreiche Vergangenheit der Insel

Guerrero", der Krieger. Am Ende der Allee, auf dem großen Blumenbeet am Platz ohne Namen, treffen Sie auf den „Podenco Canario" zu Ehren des kanarischen Windhundes. Auch ein architektonisches Kleinod gilt es auf dem Weg zu entdecken: die über einem steilen Felsen stehenden, restaurierten kubischen Fischerhäuser.

Doch bleiben die meisten Familien zunächst an der **Plaza de España** hängen, wo sich die Menschen im Schatten der Bäume treffen, Kinder rund um das Rondell mit Figuren (siehe rechts) Fangen spielen, Hafenarbeiter, Geschäftsleute und Stadtbummler am Tresen oder auf der Terrasse der Bar Los Paraguitas ein Päuschen machen.

Kindern dauert es oft zu lang, wenn Mama und Papa ein Museum besuchen oder mit langen Kommentaren die Architektur beschreiben. Also sollen sie eine kurze Rallye machen, um die wichtigsten Skulpturen der Stadt zu suchen und zu finden. Einen guten Stadtplan gibt es umsonst beim **Informationsamt** [Patronato de Turismo, Calle Almirante Lallemand 1, am Hafen, Tel. 928 53 08 44, Fax 928 85 16 95, www.fuerteventura turismo.com. Mo-Fr 8-15 Uhr]. Fotoapparat nicht vergessen, damit die Kunstjäger den Wartenden die Trophäen zeigen können. Startpunkt ist entweder das Informationsamt oder die gegenüberliegende Bar Los Paraguitas.

Los geht's

Zuerst zum Hafengebäude: Dort steht „El Viga", der Träger. Als typischer Hafenarbeiter sucht diese Figur ein Fischerboot oder ein Handelsschiff, das Waren bringt, die ausgeladen werden müssen. Für die armen Arbeiter war dies früher ein gutes Zubrot.

Zurück zum Informationsamt: An der Plaza de España, nicht zu übersehen, steht im großen Rondell der **Fuente de la Explanada**, der Vorplatzbrunnen, auf dem ehemaligen Zentrum der Stadt. Dargestellt ist die Welt der Majoreros mit den Figuren einer Frau mit Krügen, einer Mutter und Darstellungen der früheren Erwerbszweige Feldarbeit, Steinebrechen und Fischerei. Richtung Bar Los Paraguitas wird auf einem kleinen Podest die „Equipaje de Ultramar", das Überseegepäck, dargestellt. Hut, Schirm, Mantel und die Koffer dienen auch heute noch als Erinnerung an die zurückgekehrten Auswanderer.

Hinein in die Stadt

Von der Plaza de España geht es hinauf über die Calle Teófilo Martínez Escobar und nach rechts in die Calle Fernández Castañeyra. Dort meckern „Las Cabras", die Ziegen, Symbol für die Hauptstadt, als sie noch Ziegenhafen hieß. Gleich geht es links in die Calle Léon y Castillo mit der Pfarrkirche **Nuestra Señora del Rosario** [Unregelmäßige Öffnungszeiten] mit einer kunstvollen Decke im Mudéjarstil. In der Mitte des neoklassizistischen Hochaltars erhebt sich die Figur der Patronin, die Rosenkranzmadonna mit dem Jesuskind auf dem Arm. Unterhalb der Kirche sitzt dann auf einer Steinbank „Suso Machín", ein Maler und Schriftsteller der 1930er-Jahre.
Die Calle Léon y Castillo weiter aufwärts, gleich nach der Calle 23 de Mayo, kommt rechts die Avenida Juan de Bethencourt, an der gleich zu Anfang „El Aguador", der Wasserträger, den Bürgersteig entlangschreitet. Bis in die 1960er-Jahre lieferte er in Blechkanistern (16 und 20 l Inhalt) Wasser in die Haushalte. Ein Stück weiter an der Kreuzung mit der Avenida de la Constitución steht „Siroco", der die Kraft des starken, warmen Wüstenwindes versinnbildlicht. Mitten auf der Kreuzung erinnert das „Monumento a la unidad" mit seinen im Reigen tanzenden Figuren an das multikulturelle Zusammenleben auf den Kanarischen Inseln.

Heim eines Verbannten

Hier in der Stadtmitte befindet sich südlich der Avenida de la Constitución der schattige **Parque de la Ciudad**, ein zentraler Treffpunkt mit Spielplatz und einem Café-Pavillon. Hier befindet sich auch der runde **Terrero**, die Arena für die kanarischen Ringkämpfer (Lucha Canaria). Quer durch den Parque de la Ciudad erreichen die gespannten

Die N. S. del Rosario ist meist bei Messen und Patronatsfesten geöffnet

Skulpturenjäger die Calle Virgen del Rosario mit der **Casa Museo Unamuno** [Calle Virgen del Rosario 11. Mo-Fr 9-14, Sa 10-13 Uhr. Eintritt frei], vor deren Eingang der bronzene „Miguel de Unamuno“ zum Besuch seines Wohnhauses einlädt. Ehemals das „Hotel Fuerteventura“, beherbergte das heutige Museum den baskischen Philosoph und Schriftsteller **Miguel de Unamuno** während seiner Verbannung im Jahre 1924. Er hatte kritische Texte gegen den Diktator Primo de Rivera und König Alfonso XIII. veröffentlicht. Aus Unamunos Zeit stammt noch die Möblierung der Räume,

Für den Hunger zwischendurch

Vor allem in der neuen Fußgängerzone rund um die Calle 1 de Mayo werden immer häufiger Bars und Kioske mit kleinen Gerichten eröffnet. Schon länger eingeführt sind zwei bekannte Adressen, vor allem beliebt wegen ihrer großen Auswahl an Tapas: ***La Sarranda*** *(Calle 1 de Mayo 46) und* ***La Cencerra*** *(Calle María Estrada/Ecke Calle Beethoven s/n). Auf der Imbissterrasse* ***Plaza la Paz*** *(Calle Virgen del Rosario s/n), oberhalb der Kirche, gibt es auch Hamburger und Sandwiches.*

Wegen seiner kritischen Texte wurde der Baske Unamuno verbannt

außerdem informieren Fotos und Dokumente über den Schriftsteller.

Am Ende der Calle Virgen del Rosario sitzt schließlich rechts in der Calle 1 de Mayo etwas nachdenklich „Manuel Velázquez Cabrera“ (1863-1916), der als Abgeordneter des spanischen Parlaments schließlich 1912 die Selbstverwaltung der Kanarischen Inseln durchsetzte.

Zwischen der Kirche und dem gegenüberliegenden **Cabildo-Komplex**, Sitz der Inselregierung, wurde 2010 eine erholsame Fußgängerzone mit Wasserspielen angelegt, eine wahre Bereicherung für die Inselhauptstadt. Nun geht es aber wieder abwärts zur Plaza de España, wo sich der Abend bei einer kleinen Erfrischung ausklingen lässt. Dabei können auch wunderbar die Einheimischen in ihrem täglichen Tun beobachtet werden.

Tour 2: Auf heilige Berge, in finstere Höhlen

Corralejo • Lajares • El Cotillo • Faro de Tostón • La Oliva • Tindaya • Tefía • Ecomuseo La Alcogida • Villaverde • Cueva del Llano

Wo: im Norden Fuerteventuras – Wie: mit dem Auto – Dauer: Tagestour – Nicht vergessen: Windjacke, Wanderschuhe, Taschenlampe

Auch wenn die Strände in Corralejo noch so märchenhaft sind, sollte man die Umgebung auf einer Rundtour kennenlernen. Zum Beispiel Lajares, das Zentrum des Kunsthandwerks; La Oliva, den ehemaligen Verwaltungssitz mit historischen Gebäuden und einem Museum der Künste; es folgt Tindaya, wo der heilige Berg der Guanchen steht und schließlich Tefía mit einem restaurierten Bauerndorf.

Raus aus Corralejo

Den Hafenort **Corralejo** [Touristinformation, Avenida Marítima 2, Tel. 928 86 62 35, www.corralejograndesplayas.com. Mo-Fr 8-14, Sa/So 9-14 Uhr] umgibt eine beeindruckende Dünenlandschaft, die bis ans Meer heranreicht. Die endlosen, goldgelben Playas de Corralejo oder Playas Grandes (siehe S. 19) im **Parque Natural de las Dunas de Corralejo**, mit seiner seltenen Flora, wie bläuliche Stranddisteln und gelb blühende Strandwolfsmilch, sind vor allem ein Badeparadies für Kinder. Es ist nicht leicht, sich von hier loszureißen, doch die

Auf den Inseln dienen die Mühlen als gute Orientierungspunkte

Unterbrechung lohnt sich. **Lajares** liegt 11 km südwestlich von Corralejo. Mitten im Straßendorf steht die traditionsreiche Stickereischule, die **Escuela de Artesanía Canaria**, als Teil eines großen Souvenirgeschäfts [Mo-Fr 9-19, Sa 9-13 Uhr]. Dort wird authentisches Kunsthandwerk der Kanaren angeboten, vor allem die für Fuerteventura typische Calado-Stickerei, eine Art Hohlsaumstickerei, bei deren Entstehung man vor Ort zuschauen kann. Im Ortsteil Casas de Arriba sind auch zwei **Gofio-Windmühlen** von außen zu besichtigen, eine weibliche Molina und ein männlicher Molino (siehe Kasten S. 71).

In Kalkbrennöfen stellten die Canarios Material für den Hausbau her

Kalköfen und ein Leuchtturm

Nur ein paar Kilometer sind es bis ans Meer und zum Hafenort **Cotillo** [Touristinformation, Paseo de Rico Roque s/n, Tel. 609 20 79 67. Mo-Fr 9-15, Sommer auch Sa/So 9-14 Uhr]. Für die neugierige Jugend lohnt es sich, hier zwischen dem Festungsturm am Ortsrand und dem Fischerviertel die drei restaurierten **Kalkbrennöfen** (siehe Kasten) zu suchen. Auf dem Weg in den Norden liegt eine Reihe von familiengeeigneten Stränden, darunter die mit der Blauen Flagge dekorierte **Playa de la Concha** (siehe S. 18). Am Ende der neuen, breiten Küstenstraße steht der ausgeschilderte Leuchtturm **Faro de Tostón**. In ihn integriert wurde das lehrreiche **Museo de la Pesca Tradicional** [Di-Sa 10-18 Uhr. Eintritt frei]. Eine Audioschau und eine Begleitbroschüre mit deutschem Text erklären das Leben der Fischer und des Fischfangs. Ein zweiter Leuchtturm direkt neben dem großen kann bestiegen werden. Vor dem Café des Museums lädt eine durch Glaswände geschützte Ecke zu einer Pause oder zum Picknick ein. Nicht verpassen sollte man den nur 800 m langen Rundweg mit Tafeln, die Flora und Fauna, das Meer und die Wasserprobleme erläutern. Diese werden vor allem am restaurierten **Aljibe** (Zisterne) verdeutlicht, welcher auf halber Höhe des Weges liegt. Tipp für die kleinen Urlauber: Die Fischersleut von früher sammelten und verwerteten eifrig jedes Strandgut. Geht am Ufer entlang und sammelt die Dinge, die hier angeschwemmt wurden: Holzbretter, Äste, Dosen, Muscheln etc. Wer findet das interessanteste Stück? Und was hätten die Fischer damals wohl damit gemacht?

Hier herrschten die altkanarischen Könige

Über die FV-10 erreicht man nach etwa 15 km weiter südlich historisches Terrain. Dort liegt in recht karger

Kalkbrennerei für den Hausbau

Die ältesten Zeugnisse für gebrannten Kalk sind in Ostanatolien zu finden und 12.000 Jahre alt. In ***El Cotillo*** *lässt sich der Aufbau der Öfen von außen betrachten: Im unteren, kleineren Raum wurde, mit Holz gefeuert, eine Temperatur zwischen 800 und 1.200 Grad erzeugt. Der obere Raum wurde mit faustgroßen Kalksteinbrocken gefüllt, welche durch die Hitze entsäuerten. Mit Wasser gemischt erhielt man so Kalkfarbe zum Weißeln der Wände, mit Wasser und Sand vermengt Kalkmörtel für den Hausbau.*

Umgebung, zu Füßen der 329 m hohen Montaña Oliva, die Ortschaft **La Oliva**. Noch erzählen einige Gebäude von der ruhmreichen Vergangenheit. An die Zeit vor 1859, als sie noch den Sitz der damaligen Militärregierung beherbergte, erinnert die **Casa de los Coroneles** [Im Ort ausgeschildert. Di-So 10-18 Uhr. Eintritt frei]. 365 Fenster soll der größte Gutshof der Kanaren haben, so die Legende, in Wirklichkeit sind es „nur" 117 (nachzählen!). Nach langer Restaurierung kann das historische Haus auch von innen besichtigt werden, gelegentlich finden hier Ausstellungen statt.

Fast ohne Fenster hingegen ist das ehemalige Zehnthaus, die **Casa de la Cilla**. In dem ehemaligen Lager wurde mittlerweile das Getreidemuseum untergebracht, das **Museo del Grano** [An der FV-10 ausgeschildert. Di-Fr u. So 9.30-17.30 Uhr. Eintritt frei]. Hier wird das Geheimnis gelüftet, wie die Bauern es schafften, aus der kargen Gegend die Kornkammer der Insel zu machen.

Reichlich Zeit braucht die Besichtigung des 1992 in Privatinitiative gegründeten **Centro de Arte Canario** in der Casa Mané [Gegenüber Casa de los Coroneles. Mo-Sa 10-18, So/Feiertags 11-14 Uhr. € 4 pro Person (ab 12 J.)]. Das architektonisch gelungene Ensemble am Stadtrand beherbergt im unterirdischen Korridor eine sehenswerte Sammlung mit zeitgenössischen Werken kanarischer Künstler. Für Kinder weit interessanter ist der Garten mit scherenschnittartigen Ziegen und im hinteren Teil die beeindruckenden Metallgesellen des Künstlers Alberto Agulló. Darunter befindet sich auch der legendäre, zerzauste Koloss Majohoré (siehe Kasten S. 40).

Die vielen Fenster der Casa de los Coroneles reichen nicht an die Legende heran

Der heilige Berg der Altkanarier

6 km südwestlich von La Oliva liegt **Tindaya**, dessen Hausberg für die Altkanarier eine Kult- und Grabstätte war. Nun wird befürchtet, dass die heilige Stätte durch ein Kunstobjekt entweiht wird. Der baskische Künstler Eduardo Chillida, 2002 gestorben, wollte den Berg aushöhlen und in seine Mitte eine Pyramide stellen. Umweltschützer liefen Sturm gegen diese Idee, die Statik des Berges sei dadurch in Gefahr. Andere meinen, ohne den Künstler könne das Kunstwerk nicht gebaut werden, es sei dann nur noch ein Fall für Ingenieure. Viel Geld ist bereits geflossen und wieder verschwunden, die Diskussion geht weiter. Tindaya allerdings bereitet sich schon jetzt mit neuen Lokalen, überdimensionierten Straßen und dem Umbau des alten Rathauses zu einem Informationszentrum auf den eventuellen Touristenboom vor.
Inzwischen geht der reguläre Besuch der Montaña Tindaya mit seinen 213 Steingravierungen weiter. Die etwas schwierige Besteigung ist nur in Begleitung eines Führers und mit Genehmigung der Umweltbehörde erlaubt. Auch sollten die Erwachsenen den Führer vorab fragen, ob – je nach Wetter – die jungen Wanderer das Abenteuer wagen können (siehe Kasten S. 100).

Hinter den kleinen Häusern von Tindaya ragt der Hausberg empor

Die Rache der Götter

Als Fuerteventura noch grün und fruchtbar war, kamen bei den ***Guanchen*** *mehr Mädchen als Jungen zur Welt. Kurzerhand wurden die überzähligen Töchter den Göttern geopfert, was diesen aber nicht gefiel. Sie beauftragten den Gott der Winde, Felder und Wiesen zu zerstören. Auch der riesige und zeugungskräftige Hirte* ***Majohoré*** *fiel der Rache der Götter zum Opfer. Die Guanchen versuchten sich durch die Anbetung von Majohorés Überresten aus ihrer misslichen Lage zu befreien. Doch die Götter ließen sich nicht versöhnen und die Insel blieb weiterhin unfruchtbar, wie heute noch zu sehen ist.*

So lebten einst die Bauern

Von Tindaya führt eine Nebenstraße südlich zur FV-10. Auf ihr zweigt nach etwa 2 km in der Nähe eines Unamuno-Denkmals (siehe auch S. 36) eine schmale Straße in Richtung Südwesten ab nach **Tefía** (7 km). Der kleine Umweg lohnt sich, denn am südlichen Ortsrand gibt es viel zu sehen im **Ecomuseo La Alcogida** [Di-Sa 10-18 Uhr. € 5 pro Person (ab 12 J.)]. Das Museum wendet sich speziell an Kinder, was der Besuch vieler Schulklassen dokumentiert. Sieben Bauernhäuser wurden restauriert, das Alltagsleben der Landwirte kann nachvollzogen werden, in den Zimmern und Ställen arbeiten heute Schreiner, Steinmetze, Flaschner, Stickerinnen und Weberinnen. Auch der berühmte Töpfer Pablo Valverde y Ferreiro ist oft anzutreffen und der Korbflechter Juan Perreira Cabrera demonstriert jetzt als Angestellter des Museums im eigenen Dorfhaus seine Kunst. Eine Getreidemühle wird von Eseln und Dromedaren angetrieben. Man sieht, wie Mehl gemahlen und Brot gebacken wird. Einen Plan und elektronische Führer gibt es auch auf Deutsch kostenlos an der Kasse.

Um die Rundtour zu vollenden, geht es wieder zurück nach La Oliva und von dessen Zentrum aus auf die Carretera General nach **Villaverde** (4 km). Zwei Gründe gibt es für Familien, mit Kindern in diesem freundlichen, herausgeputzten Ort einen längeren Aufenthalt einzuplanen: ein Bauernmuseum mit Dromedaren und ein erlebnisreicher Lavatunnel. Von La Oliva kommend ist Ihr erster Stopp am Ortseingang bei der **Casa Museo La Rosita**, einem alten, restaurierten Landgut (siehe Kasten S. 90). Vorbildlich in Zeiten der Energiediskussion: Das Anwesen wird mit Energie von Wind und Sonne betrieben. In Richtung Ortsmitte geht es zur zweiten Sehenswürdigkeit, zur **Cueva del Llano**, einer Vulkanhöhle, die mit Helm und Grubenlampe besucht wird (siehe S. 90). Zurück zum Feriendomizil geht es über die FV-101 oder über eine Nebenstraße, welche Villaverde mit der FV-1 verbindet.

Im La Alcogida lässt sich der einst bäuerliche Alltag kennenlernen

Romantische Kneipe am Meer

*Am südlichen Rand von Tefía führt die Asphaltstraße FV-221 westwärts nach **Los Molinos** (10 km). Die Straße endet an einer kleinen Lagune mit Enten und einem Brückchen. Dahinter liegt das Dörfchen mit zehn Fischerhäusern und dem kleinen, einfachen Terrassen-Restaurant **Casa Pon**. Mit Blick aufs Meer werden hier vorwiegend Fischgerichte und kleine kanarische Speisen serviert. Man kann aber auch einfach sitzen, etwas trinken und die Aussicht genießen.*

Tour 3: Palmental, Museumsdorf und Dromedare

Istmo de la Pared • Pared • Pájara • Ajuy • Vega de Río Palmas • Barranco de las Peñitas • Betancuria • Mirador de Morro Velosa • Tiscamanita • Tuineje

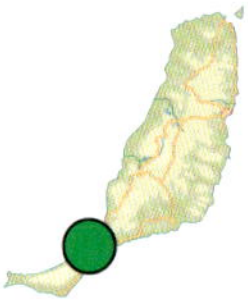

Wo: im Zentrum Fuerteventuras, westliche Hälfte – Wie: mit dem Auto und zu Fuß – Dauer: Tagesausflug – Nicht vergessen: Taschenlampe, festes Schuhwerk, Kamera

Der Ausflug beginnt am Istmo de la Pared, der Wespentaille Fuerteventuras, und führt über unbesiedeltes Bergland direkt ins Städtchen Pájara mit einem Abstecher zum Fischerdorf Ajuy mit schwarzem Strand. Weiter nördlich liegt mitten in Palmenhainen das Bauerndorf Vega de Río Palmas, gefolgt von Betancuria, der alten Hauptstadt der Insel, die Kunst und Kultur bietet. In Tiscamanita wurde ein sehenswertes Mühlenzentrum eingerichtet und Tuineje ist ein wichtiger Stopp, um in der Kirche die historischen Schlachtenbilder von Tamasite zu betrachten, die an Cartoons mit Dromedaren erinnern.

Oberhalb des Strandes von Ajuy beginnt ein abenteuerlicher Wanderweg (S. 44)

Viva Pepe

*Kinder lieben kleine Esel. So war **Bombero**, der vor Pájaras Rathaus das historische Schöpfwerk (noria) in Betrieb hielt, das meistgestreichelte und -fotografierte Tier der Stadt. Mit für einen Esel stolzen 38 Jahren ist er gestorben. Der **Oasis Park** (siehe S. 93) stiftete nun den zweijährigen **Pepe Cofete**, der die Stelle seines Kollegen einnimmt. Eselstreiber ist Benjamín Díaz, der werktags von 9 bis 13 Uhr mit dem Langohr Wasser fördert.*

Die Wespentaille

Nur 5 km breit ist der **Istmo de la Pared**, Fuerteventuras engste Stelle. Zur Zeit der Ureinwohner soll es hier eine Grenzmauer zwischen den zwei Königreichen Maxorata im Norden und der kleineren Halbinsel Jandía gegeben haben. Schatzsucher wagen immer wieder ein paar Schritte, um die Grenze zu finden, aber weil die Gegend lange Zeit als Steinbruch diente, sind die Spuren warscheinlich für immer verloren. Bei der Feriensiedlung **Pared** beginnt die nach Norden führende Hochstraße, sie führt mitten durch eine Landschaft mit über Jahrmillionen von Wind und Sand rund geschliffenen Vulkankegeln. Rechts ragt der höchste Berg des nördlichen Inselteils hoch, **El Cardón** (691 m). Seinen Namen hat er von der am Hang wachsenden, kaktusähnlichen Kanaren-Wolfsmilch (Euphorbien), die von den Einheimischen Cardón genannt wird.

Schlangen, Pumas, Indianer

Die Panoramastraße endet nach etwa 20 km in **Pájara**. Gleich am ersten Kreisverkehr erinnert die lebensgroße Statue eines Ziegenbauern beim Melken an die Tradition der Insel. Ziegen gibt es weiterhin, heute werden aber Melkmaschinen verwendet, damit der schmackhafte Ziegenkäse nicht zu teuer wird. Pájara ist die Verwaltungsgemeinde für den ganzen Süden der Insel, auch für die Touristensiedlungen auf der **Peninsula de Jandía**. Entsprechend reich ist das Städtchen, was sich in vielen restaurierten Häusern und Gartenanlagen zeigt. Zentrum des Interesses ist in der Ortsmitte, gleich neben dem Rathaus, die Kirche **Nuestra Señora de la Regla** [Tägl. 9-14 Uhr]. Hier wird es spannend für junge Entdecker, denn das linke Portal ist mit aztekischen Motiven verziert: Sonnenornamente, Schlangen, bekrönte

Vegetarisch

*Vegetarische Gerichte sind selten auf der Insel, eine große Auswahl bieten in Pájara: **Casa Isaitas**, Calle Guize 7: schöner Innenhof, Tapas (auch halbe Portionen), Gemüse- oder Linseneintopf € 6, Lasagne € 8, Gemüsetortilla € 5,50. Gegenüber der Kirche: **La Olla de la Bruja** (Hexentöpfchen), Calle N.S. de la Regla 19: Tapas ab € 1. **La Fonda**, Calle N.S. de la Regla 28: Tische auch an der Straße, kanarische Küche, kleine Gerichte ab € 6.*

Die exotischen Motive der N.S. de la Regla stammen aus Südamerika

Pumas und Indianerköpfe mit Federschmuck. Der Ursprung der ungewöhnlichen Kunstwerke ist nicht bekannt, aber offensichtlich von Rückwanderern aus Mittelamerika beeinflusst. Im Hochaltar der zweischiffigen Kirche steht die Schutzheilige mit Kind, beide tragen eine Silberkrone und Strahlenkranz.

Abenteuerspielplatz Natur

11 km beträgt der Abstecher nach Nordwesten in Richtung Meer zum Fischerort **Ajuy**. In der Nähe des schwarzen Sandstrandes landete Jean de Béthencourt 1404, um die Insel einzunehmen. Ständige Wellen machen das Schwimmen im Meer unmöglich, aber ein Fußbad geht immer. Spannender ist ein Ausflug mit der ganzen Familie über einen befestigten Weg vom Strand hoch auf den Steilfelsen zu einem ausgebauten **Mirador** (Aussichtspunkt) mit berauschendem Blick über Küste und Meer. Dieser ist bereits in zehn Minuten erreicht, doch von dort kann es weitergehen. Abenteuerlich muten die schwarzen, überhängenden Lavawände an, verlockend ist ein Abstieg zu den Höhlen in zerklüfteten Felsen. Vorsicht, nur mit festem Schuhwerk und mindestens zu zweit wagen! Bald entdecken die neugierigen Augen dort unten alte Kalkbrennöfen (siehe Kasten S. 38) und Spuren der Verladestellen für das begehrte Gut. Ein Stück weiter führen steile, aus dem Fels geschlagene Treppen abwärts in tiefe Grotten, ehemalige Kalklager und Piratenverstecke. Eine Taschenlampe ist von Vorteil, aber nicht zu tief eindringen! Wer nicht zu leichtsinnig ist, findet viel Spaß an diesem Abenteuerspielplatz. Oben geht es weiter gen Norden, unten liegt die kiesbedeckte, nur mit dem Boot erreichbare **Caleta Negra** (Schwarze Bucht). Auf dem Höhenweg sind runde Bohrlöcher zu finden (Vorsicht!), wahrscheinlich dienten sie als Rutschen für die Kalkbrocken. Nach Überwindung einer steinigen Hochfläche taucht das 20 m hohe Felsentor **Peña Horada** auf. Steigt man in die Schlucht hinab, steht man an der Landestelle Béthencourts, der mit seinen Truppen sowie 200 Handwerkern und Bauern aus der Normandie den Weg nach oben nahm, um dort die nach ihm benannte Siedlung Betancuria zu gründen. Vom Mirador bis zum Felsentor sind es etwa 45 Minuten.

Eine grüne Oase

Zurück am Auto geht es wieder nach Pájara und die kurvenreiche FV-30 nordwärts. Dort will man nach 10 km seinen Augen kaum trauen. Unterhalb der Straße dehnt sich das grüne Bauerndorf **Vega de Río Palmas** an einem Barranco (Schlucht) aus, der zu Regenzeiten durchflutet wird (siehe S. 47). Die vielen Echten Dattelpalmen lassen vergessen, dass Fuerteventura als unfruchtbare

Insel gilt. Ziegenherden streunen wie zur Guanchenzeit über die Felder, auf den Äckern wird gepflanzt und geerntet, vorwiegend Kartoffeln, Gemüse und Salat. Auf Terrassenfeldern gelang es sogar, eine kleine Bananenplantage und einen Weingarten anzulegen.

Am Ende der Oase kann man im **Barranco de las Peñitas**, der bis nach Ajuy reicht, vorbei an einem ausgetrockneten Stausee in einer Viertelstunde zur kleinen, weißen Kapelle **Ermita de la Peña** wandern. An dieser Stelle fanden Hirten einst eine winzige **Alabastermadonna**, die vermutlich Jean de Béthencourt auf die Insel gebracht hatte. Heute thront die 25 cm kleine Statuette mit ihrer schweren Goldkrone und dem silbernen Strahlenkranz mitten im Inselbarockaltar oben in der **Ermita de Virgen de la Peña** [An der FV-30. Di-So 11-13 u. 17-19, Messe Sa 18 Uhr]. In der dritten Septemberwoche kommen Gläubige, um hier ihre Heilige zu verehren (siehe S. 117).

Museumsdorf

Etwa 5 km nördlich der grünen Siedlung liegt eines der beliebtesten Ausflugsziele, die erste Ortsgründung auf den Kanaren und frühere Inselhauptstadt **Betancuria** [Touristinformation, Calle Juan de Bethencourt 6, Tel. 928 87 80 92, www.aytobetancuria.org. Mo-Fr 10-14 Uhr]. Das gesamte, nach seinem Gründer benannte Städtchen mit vielen altehrwürdigen Gebäuden steht unter Denkmalschutz. Hier lässt sich noch ein Hauch der alten Zeit verspüren, kein anderer Ort Fuerteventuras bietet eine derartige Ansammlung von Sehenswür-

Überraschung! Inmitten der trockenen Landschaft eröffnet sich diese grüne Oase

digkeiten. Kein Wunder, dass zwischen 11 und 16 Uhr in den kleinen Gassen der Teufel los ist und sich vor der **Iglesia Nuestra Señora de la Concepción** [Mo-Fr 11-16, So 11-14 Uhr] lange Schlangen bilden. Als wertvollstes Stück der Kirche gilt der prächtige Barockaltar mit der Statue der **Santa María de Buenaventura**, ein schönes Beispiel des Inselbarock, der auch junge Menschen begeistert (siehe Kasten). Neben der Taufkapelle an der linken Langhauswand fällt das bedrohliche „Jüngste Gericht" mit dem siegreichen Erzengel Michael ins Auge.

Ausflug in die Geschichte

Auf der anderen Seite des Kirchplatzes befindet sich die **Casa Santa María**, ein restauriertes Herrenhaus aus dem 17. Jahrhundert, welches nun ein Restaurant der gehobenen Preisklasse beherbergt. Zum Komplex gehört ebenfalls eine Bar mit Verkauf kulinarischer Inselprodukte. Hier befindet sich auch das **Museo Artesanía** [Mo-Sa 10-16 Uhr. Erw. € 6, Kinder (6-12 J.) € 3], welches lokales Kunsthandwerk präsentiert, eine Gofiomühle und eine Multivisionsschau mit den Naturschönheiten der Insel.

Mit Betancuria gründete der Eroberer Béthencourt seine erste Siedlung

Farbenfroh und exotisch

*Mit dem kanarischen Inselbarock wird auch für die jüngsten Urlauber ein Kirchenbesuch reizvoll. So befindet sich ein lustiges Suchspiel an den Girlandenverzierungen der Altäre. Die Schnitzereien sind übersät mit exotischen Vögeln, mit Blumen, Früchten und tropischen Nüssen. Der **Indianische Barock** entstand durch die intensiven Kontakte mit Südamerika, durch Aus- und Rückwanderung vor allem nach und von Venezuela und Kuba.*

Die Geschichte der heute nur 700 Einwohner zählenden Kleinstadt reicht weit zurück. Die kleine **Casa Museo de Betancuria** [Calle Roberto Roldán s/n (Durchgangsstraße). Di-Sa 11-17, So 11-14 Uhr. € 1,50 pro Person (ab 12 J.)] zeigt Zeugnisse der Guanchen, bedeutende Fundstücke sind u. a. handbetriebene Gofiomühlen, einfache Tongefäße und kleine Fruchtbarkeitsidole aus Sandstein.
Den schönsten Blick auf die Stadt hat man vom **Mirador de Morro Velosa** (mit Cafeteria) auf der Montaña Tegú (645 m) aus. Vor der Auffahrt posieren zwei Bronzestatuen als für viele Urlauber interessantes Fotomotiv. Der Künstler Emiliano Hernández schuf sie zur Erinnerung an die beiden letzten Könige der Insel vor der Eroberung durch die Spanier (1405): an Guise (Herrscher über Jandía, links) und Ayose (Herrscher über den Nordteil, Maxorata, rechts). Oben fällt rechts vom Aussichtsgebäude

eine geologische Besonderheit auf: Drei steile Bergwände vereinen sich zu einem monströsen dreiseitigen Auffangsystem für den seltenen Winterregen. Der gesamte Niederschlag fließt dem Barranco zu und sammelt sich in den Brunnen des fruchtbaren Palmentals südlich des Berges. Ohne diesen „Trichter" könnten in Vega de Río Palmas (siehe S. 44) kaum Feldfrüchte angebaut werden.

Mühlen und Dromedare

Vorbei an Antigua (siehe S. 51) grüßt schon von Weitem an der FV-20 eine weiße **Windmühle**. Sie gehört zum Bauerndorf **Tiscamanita** und wurde zusammen mit dem alten Landgut, zu dem sie gehört, sorgfältig restauriert. Zentrum des Dorfes ist das **Centro de Interpretación de los Molinos** [Calle Cruz 11, von Antigua kommend am Ortseingang. Di-Sa 10-18 Uhr. Eintritt frei]. Hier lernen Besucher alles über kanarische Mühlen, von einfachen Guanchen-Handmühlen bis zu technisch ausgereiften Gofiomühlen. Der runde **Molino** (siehe Kasten S. 71) wird zu Demonstrationszwecken immer mal wieder in Betrieb genommen. Es ist ein spannender Moment, wenn sich die vier Flügel mit Ächzen und Stöhnen zu bewegen beginnen.

Der nächste Halt liegt nur 4 km südlich: das Bauerndorf **Tuineje** mit der Pfarrkirche **San Miguel Arcángel** [An der FV-20, nahe des Ayuntamiento (Stadtverwaltung). Wenn geschlossen, im Haus gegenüber dem Westportal um den Schlüssel bitten: „llave por favor"]. Drinnen begegnet man wieder einem Stück Inselgeschichte. Zwei kleine **Tafelbilder** (siehe Kasten) rechts und links des Altarsockels erinnern an die „Schlacht von Tamasite" am 12. Oktober 1740, in der sich die Inselbewohner erfolgreich gegen englische Piraten zur Wehr setzten.

Auf der Heimfahrt über die FV-20 können Sie die vielen neu gewonnenen Eindrücke Revue passieren lassen.

Der Morro Velosa bietet einen Blick über die glatten Vulkane der Insel

Kugelschutz durch Dromedare

*Auf den **Tafelbildern** in **Tuinejes Kirche** ziehen Männer in die Schlacht, Rauch steigt aus den Mündungen der Flinten. Hauptdarsteller sind die naiv gestalteten Dromedare. Die Bürgerwehr trieb die Tiere in Richtung Feind und versteckte sich hinter ihnen. Mit ihren dicken Leibern fingen die Dromedare die Kugeln der Eindringlinge ab. Die fliehenden Engländer hinterließen 22 Tote. Dieses Ereignis wird in Tuineje jährlich zwischen dem 8. und 13. Oktober mit Piraten und krachenden Donnerbüchsen nachgestellt.*

Tour 4: Schwarze Wüste und putzige Dörfchen

La Atalayita • Pozo Negro • Caleta de Fuste • Casillas del Ángel • La Ampuyenta • Antigua

Wo: im Osten Fuerteventuras – Wie: mit dem Auto, kleine Strecken zu Fuß – Dauer: Tagesausflug, von Caleta de Fuste (ohne Südroute) halber Tag – Nicht vergessen: Kamera, Badesachen

Vorbei an der Costa Calma führt die FV-2 ins Inselinnere, mitten durch die ausgedehnte Lavalandschaft Malpaís Grande, die zu Beginn des Tourismus noch unpassierbar war. Abstecher führen zu einem verlassenen Guanchendorf nahe des Pozo-Negro-Strandes oder weiter nördlich zu den weiß glitzernden Salinas del Carmen. Im Inselinneren zeigen kleine Städtchen mit aus Lava gebauten Kirchen und Ermitas ihre Schönheit. Höhepunkt ist Antigua mit einer der stolzesten Windmühlen, einem Kunsthandwerkszentrum und einem ethnografischen Museum mit wertvollen Funde aus der Guanchenzeit.

Salzarbeiter schöpfen das glitzernde Gut aus den Verdunstungsbecken

Ein Dorf in der Lavawüste

Vorbei an der Costa Calma und Lajita mit dem **Oasis Park** (siehe S. 93) schneidet die FV-2 nördlich von Gran Tarajal quer durch eine schwarze Lavawüste, in der sich kaum ein grünes Pflänzchen durchsetzen konnte. Nach etwa 12 km nordöstlich der Kreuzung FV-2/FV-20 geht entlang des Barranco de la Bocá de Pozo Negro eine Straße rechts ab Richtung Meer. Etwa 3 km später wird rechts auf eine historische Sehenswürdigkeit hingewiesen, auf **La Atalayita**. Diese Piste endet auf einem großen Parkplatz vor dem dazugehörigen Informationszentrum. Hier beginnt das Abenteuer im großen Lavaschollengebiet (siehe S. 91). Wer sich danach etwas erfrischen will, findet am Ende der Straße das kleine Fischerdorf **Pozo Negro**, was schwarzer Brunnen bedeutet. Schwarz ist hier auch der Kiesstrand, bei den Einheimischen vor allem am Wochenende sehr beliebt.

Salz und Walskelett

Wer nun lange genug schwarz gesehen hat, findet weiter nördlich, kurz vor dem Urlaubsort Caleta de Fuste, eine weiß strahlende Sehenswürdigkeit direkt am Meer. Schon von Weitem ist das neue

Wahrzeichen der **Salinas del Carmen**, der restaurierten Salinen, zu sehen: ein 20 m langes Walskelett, welches vor einigen Jahren geborgen wurde: Salz und Wal, beide kommen aus dem Meer. Für den Rundgang durch die Salzgewinnungsanlage und das Museo de la Sal sollten mindestens zwei Stunden eingeplant werden (siehe Kasten S. 92). Bis in die 1980er-Jahre wurde hier viel Salz geerntet, doch als in Puerto del Rosario 1979 die Fischkonservenfabrik schloss, fanden sich keine neuen Abnehmer für das weiße Gut. 2005 konnte mithilfe von EU-Geldern das neue Freilichtmuseum eröffnet werden.

Die Lavakirche

3 km weiter breitet sich die Ferienanlage **Caleta de Fuste** aus. Je nach Routenplanung lohnt es sich, hier an der Playa del Castillo (siehe S. 20) eine

Geheimtipp für Strandvagabunden

Kinder suchen Abwechslung und möchten einmal andere Strände ausprobieren, diesmal mit einheimischen Badegästen. Von Jandía Playa ist es nicht weit bis nach ***Gran Tarajal****, ein Städtchen mit großem schwarzem und gepflegtem Sandstrand sowie preiswerten Pizzerien. Ein ähnliches Ambiente, mit allem was man braucht, bietet auch die Cala de las Playas im aufstrebenden Ort* ***Las Playitas*** *(siehe S. 21) nordöstlich von Gran Tarajal.*

Santa Anas schwarzer Glockenstuhl aus Lavagestein ist eine Seltenheit

Pause einzulegen. Weiter geht es auf der FV-2 nach Norden, aber schon nach knapp 6 km zweigt ein Weg nach links ab, es geht durch abwechslungsreiche Landschaft vorbei an der Montaña del Negrito (282 m) bis zum Bauerndörfchen Triquivijate. Nach weiteren 9 km folgt ein Stopp in **Casillas del Ángel**, den „kleinen Häusern des Engels“. Ziel ist mitten im Ort die Kirche **Santa Ana**, die mit ihrer aus schwarzen Lavasteinen errichteten Westfassade mitsamt dem zweistöckigen, offenen Glockenstuhl über den Häusern des Dorfes thront. Die Außenansicht der Kirche aus Lavagestein ist eine Besonderheit auf den Kanaren. Um hineinzukommen, muss man sich schräg gegenüber im Haus Nr. 20 den Schlüssel holen („llave por favor“). Zentrum des Interesses ist die mittlere Nische der Hochaltarwand mit der streng schauenden heiligen Ana und ihrer gekrönten Tochter María. Sie ist eines der kostbarsten Kunstwerke des Archipels und wurde wahrscheinlich im 17. Jahrhundert in Kastilien gefertigt. Geradezu angsterregend ist die Darstellung des „Jüngsten Gerichts“ an der

Abenteuerlicher Name

Habt ihr mal überlegt, woher der Name „Fuerteventura" kommt? Nun, es gibt verschiedene Variationen, vielleicht findet ihr sogar eine neue Deutung! Die Priester, die den Eroberer Béthencourt begleiteten, sollen bei der Landung z. B. gerufen haben: „Isla de forte aventure" (Insel des starken Abenteuers). Auch Béthencourt selbst wird bei einem seiner Kämpfe (1402) mit „Que fuerte ventura" (welch großes Abenteuer) zitiert. Jedoch: Schon auf Landkarten des 14. Jahrhunderts ist die Bezeichnung „Forte Ventura" zu finden. Übersetzt kann „ventura" auch Glück oder Schicksal bedeuten. Welch ein Glück? Was für ein Schicksal? Bei dem vielen Wind, der über die Insel weht, kommt ebenfalls das lateinische „ventus" (Wind) infrage: Fuerteventura, starker Wind.

rechten Langhauswand: Ein Ungeheuer mit weit aufgerissenem Maul verschlingt die zitternden Sünder. Oh Schreck!

Schlüssel bei Señora Carmen

Die Rundtour geht jetzt wieder südwärts. Der nächste Haltepunkt ist das kaum bekannte **La Ampuyenta**. Ein großes fabrikähnliches Bauwerk an der Hauptstraße FV-20 gibt Rätsel auf. Die Lösung: Es sollte ein Hospital für Lungenkranke werden, das der Arzt und Balneologe **Tomás Mena Mesa** (1802-1860) in Auftrag gegeben hatte. Es wurde zwar nie in Betrieb genommen, weil das Krankenhaus in Puerto del Rosario Konkurrenz befürchtete, doch an den Mäzen erinnert nun am Ortseingang die **Casa Museo Dr. Mena** [Di-Fr 9.30-15, So 9.30-17.30 Uhr, Änderungen möglich. Eintritt frei]. Das ehemalige Wohnhaus des Arztes wurde liebevoll restauriert, Zimmer, Küche und Salon originalgetreu ausgestattet.
Neben dem Dorfzentrum finden Kunstfreunde eine Besonderheit: die lange Zeit unbeachtete **Ermita de San Pedro de Alcántara** [Schlüssel bei Señora Carmen Cabrera García im Haus Nr. 56, hinter der Kirche]. Die dort zu findenden Bilder sollten die Krankenzimmer des Hospitals schmücken, vergammelten dann aber in feuchten Räumen und wurden schließlich jahrelang restauriert. Erst als die lange Zeit vergessenen Gemälde aus dem 18. Jahrhundert mit

Kanarische Dorfschänke

*Ein bisschen Durst oder gar Hunger? Dann ist neben dem Kirchplatz von Antigua die Bar **Plaza** (auch Casa Juan) die richtige Adresse. In der typisch kanarischen Dorfkneipe mit dunkler Holzvertäfelung und langer Theke treffen sich die Einheimischen, Jung und Alt. Es gibt leckere Tapas (auch halbe Portionen) zu günstigen Preisen. Sie werden frisch in der Küche zubereitet, stehen also nicht, wie sonst üblich, an der Theke. Mo-Sa ab 8 Uhr.*

Darstellungen aus dem Leben des Dorfpatrons de Alcántara in der einschiffigen Kirche aufgehängt wurden, kam Interesse auf. Unter den Kunstschätzen ist auch eine kostbare Muttergottesdarstellung zu finden. Ein lohnender Besuch!

Restaurierte Geschichte

Das alte, prächtig restaurierte **Antigua** empfängt seine Besucher an der FV-20 von La Ampuyenta kommend mit einer Windmühle, dem **Molino de Antigua**. Dahinter beginnt ein Park mit einheimischen Pflanzen. Im dazugehörigen Haus der Kunsthandwerker wird kanarisches Kunsthandwerk verkauft, von Töpfen bis zum kanarischen Zupfinstrument, dem Timple. Ein weiterer Bau nebenan beherbergt eine Bar und Cafeteria, hinter dem Innenhof zeigt das **Museo Etnográfico** [Gesamte Anlage Di-Fr u. So 9.30-17.30 Uhr. Eintritt frei] Funde aus der Guanchenzeit: Handmühlen, Tongefäße, Steinstücke mit Gravuren. All dies wurde in der Cueva del Llano bei Villaverde (siehe S. 90) gefunden, bei den meisten Stücken ist das Alter noch unbekannt. Wenn es noch ein Gotteshaus sein darf, besuchen Sie doch in der Ortsmitte die Pfarrkirche **Nuestra Señora de la Antigua** (nur zur Mittagszeit geschlossen). Tipps für Kunstfreunde in Kürze: ein schönes Kruzifix (Herkunft und Alter leider unbestimmt) befindet sich an der rechten Langhauswand. Links ist, wie in fast allen kanarischen Kirchen üblich, das „Jüngste Gericht“ abgebildet. Im neoklassizistischen Altar beeindruckt eine schöne „Mondsichelmadonna mit Kind“, darunter sehen Sie das Bildnis „Ecce homo“, eine ergreifende Darstellung des leidenden Christus.
In Antigua bietet die FV-20 in alle Richtungen Anschluss zurück zum Quartier.

Der Molino begrüßt die Besucher der im 16. Jahrhundert erbauten Stadt Antigua

Tour 5: Mit dem Jeep in den Wilden Westen

Morro Jable • Casa de Jorós • Mirador de Barlovento • Playa de Cofete • Villa Winter • Puerto de la Cruz • Faro de Jandía

Wo: im westlichen Zipfel Fuerteventuras – Wie: Jeepsafari (alternativ mit eigenem Allradantrieb) – Dauer: Tagestour – Nicht vergessen: (Sonnen-)Brille gegen Staub, Badesachen

Auf holprigen Schotterpisten geht es von Jandía Playa mit der **Jeepsafari** [Angebote und Buchung in allen Hotels oder direkt bei den Veranstaltern, z. B. Unisafari oder Discovery. Tagestour inkl. Verpflegung und Besichtigungen Erw. € 60, Kinder (2-12 J.) € 40. Touren auch auf Deutsch] durch eine wilde Landschaft auf die andere Seite der Jandía-Halbinsel nach Cofete. Unvergesslich bleiben die Ausblicke auf die Bergwelt des Naturparks und auf die von hohen Wellen bestürmte Küste. Geheimnisvoll erhebt sich die Villa Winter, um die sich zahlreiche Legenden winden. Am äußersten Südwestpunkt passieren Sie schließlich Puerto de la Cruz mit seinen Restaurants und einem kleinen Strand. An der Spitze der Peninsula de Jandía steht schließlich am Rande der steilen Küste der schlanke Faro de Jandía, der Leuchtturm, inzwischen mit einem interessanten Meeresmuseum ausgestattet.

Startschuss

Treffpunkt der Safarigäste, die in der Unterkunft abgeholt werden, ist der Hafen von **Morro Jable**. Der Anführer der Kolonne weist die Gruppe mit kräftigen Worten in den Ablauf ein. Man merkt gleich, zimperlich wird es hier

Informativ und humorvoll kann Jandía am besten per Jeepsafari erkundet werden

Liebliche Nager mit Nachteilen

In den 1970er-Jahren, als auf der Insel noch Fremdenlegionäre stationiert waren, hatte einer seine aus Afrika mitgebrachten Maskottchen satt und setzte sie in den Bergen aus. Mit ein bis zwei Würfen im Jahr und bis zu neun Jungtieren pro Wurf erreichten die ***Atlashörnchen*** *bis heute eine Population von einer Million. Ohne natürliche Feinde schaden sie der Ökologie. Sie fressen Früchte und Samen vieler Pflanzen und schlimmer noch, sie plündern Vogelnester und dezimieren die Vogelwelt. Was tun gegen die niedlichen Schädlinge? Eine Meinung: Man müsste die Tiere sterilisieren. Die andere: Seitdem Touristen die Atlashörnchen füttern, lassen sie die Umwelt der Insel in Ruhe. Was meint die Familie?*

nicht zugehen. Der Kameramann kreist um die Teilnehmer, er wird am Ende der Tour ein teures Video anbieten. Auch Gruppenfotos werden gemacht: Damit man am Schluss feststellen kann, ob noch alle anwesend sind, vermerkt der lustige Leader. Die Jeeps biegen dann schnell von der Hauptstraße auf einen Schotterweg ab. Rechts steigen die Berge hoch, die auffälligen, schwarzen Streifen aus Basalt berichten von ihrer Entstehung durch Vulkanausbrüche. Die wenigen Häuser sind Teil der Siedlung **Casa de Jorós**. Hier wurden früher Tomaten angebaut, doch wegen der mühsamen Bewässerung kümmern sich jetzt nur noch ein paar Freizeitbauern um die roten Früchte. Ein Wanderweg führt über das Bergmassiv nach **Cofete**. Links an der Piste sind Trampelpfade zu sehen, die am Meer enden. Einer von ihnen verläuft bis an die romantische Playa Juan Gómez, ein Tipp für einen Ausflug in die Einsamkeit.

Begegnung mit putzigen Hörnchen

Nach 12 km zweigt die raue Piste nach rechts ab, geradeaus geht es ans Westende der Halbinsel, das zweite Ziel. Zuerst also in Kurven hoch zur Gebirgskette, die Jandía halbiert. Bald sind wahrscheinlich Schreie zu hören: „Stopp, Stopp!" Kleine Pelztierchen springen am Wegesrand über Stock und Stein. Es sind **Atlashörnchen**, wegen der struppigen Haare auch Nordafrikanische Borstenhörnchen genannt. Die oft verwendete Bezeichnung Streifenhörnchen wäre falsch, auch wenn die putzigen Tierchen

Auch die jüngsten Safariteilnehmer haben viel Spaß am Jeepausflug

Im „Boba" (Kasten) können kleine Schildkröten aus der Nähe betrachtet werden

an den Flanken zwei auffallend helle Streifen haben. Sie lassen sich gern beim Füttern fotografieren, fressen Brotkrumen oder Nüsse aus der Hand. So lustig diese Begegnung auch ist, Naturschützer können absolut keinen Gefallen an den Hörnchen finden (siehe Kasten S. 53). Weiter geht die Tour. Jetzt wird die betroffene karge Pflanzenwelt in der steinigen Gegend mit anderen Augen betrachtet. Der Blaugrüne Tabak mit seinen hohen Stauden wird auch „Bobo" genannt, also Dummkopf oder Dickschädel, weil die Pflanze an den unmöglichsten Stellen gedeiht. Oder die Jandía-Wolfsmilch (Euphorbia handiensis), eine kaktusähnliche Pflanze mit langen Stacheln, die nur auf Fuerteventura vorkommt. Auch der buschige Strauch-Dornlattich mit spitzen Dornen und gelb leuchtenden Blüten schmückt die Pistenränder nach Cofete.

Ein traumhaftes Gemälde

Ausrufe der Bewunderung ertönen wohl beim Halt auf der Wegscheide, am **Mirador de Barlovento**. Jung und Alt zücken hier ihre Kameras, denn die Augenreise ist überwältigend. Stürmisch rollen die Wellen an den Strand von Cofete. Hinter der Felsklippe El Islote folgt die Playa de Barlovento, hier erstrecken sich insgesamt 10 km feinsandiger Traumstrand. Als Kontrast liegt rechts die zerfurchte Bergwelt, abschließend thront der höchste Berggipfel der Halbinsel, der **Pico de Jandía**, mit 807 m, auch Pico de la Zarza genannt. Ein geheimnisvoller Schleier liegt über diesem Teil Fuerteventuras: Durch die starke Meeresbrandung werden die Wasserteilchen von unten aufgewirbelt und bleiben dann, von dem Bergmassiv aufgehalten, in der Luft stehen. Als befände man sich inmitten eines Gemäldes.

Die legendenumrankte Villa

Auf dem Weg abwärts zur Wellblechsiedlung Cofete könnte Ihnen auch ein US-Jeep entgegenkommen. Im Schlepptau ein maroder Personenwagen, drinnen traurige Gesichter. Da hat eine Urlauberfamilie wohl zu viel gewagt (siehe Kasten S. 56). Die professionellen Jeeps der Safari rumpeln, unten angekommen, über die letzte Schlaglochpiste hoch zur **Villa Winter**, ein von Geheimnissen umranktes Gebäude, welches mit seinem Rundturm einer Festung ähnelt. Der Deutsche Gustav Winter (1893-1971) soll die Villa gebaut haben, angeblich als letzten Zufluchtsort für Hitler oder als Umschlagplatz für nach Südamerika fliehende NS-Größen. Ein U-Boot-Stützpunkt soll auch geplant gewesen sein, mit unterirdischem Zugang vom Anwesen zum Meer. Mit solchen Legenden behaftet betreten die Ausflügler das Anwesen durch ein knarrendes hölzernes Tor. Die neugierigen Kinder wollen die Ersten sein auf der Suche nach Winters Geheimnis. Im großen Hof wachsen Palmen und Bananen, es raschelt, Affengeschrei erschreckt die Gruppe: ein typischer Safariwitz. Hinter den Bananenblättern taucht dann grinsend einer der Fahrer auf.

Auf der großen Terrasse werden Snacks und Getränke serviert, Gerüchte weiter-

Schildkrötenkindergarten

*Auf der Kapverdeninsel Boa Vista hat die **Unechte Karettschildkröte** wegen schlechter Umweltbedingungen keine Überlebenschance mehr. Deshalb haben Umweltschützer am ruhigen Strand von Cofete 700 Eier in künstlichen Nestern vergraben. 593 (!) Jungtiere sind beim letzten Versuch geschlüpft und wurden im „Schildkrötenkindergarten" in Morro Jable aufgepäppelt und nach einem Jahr ins Meer zurückgebracht. Es ist zu erwarten, dass die Tiere ihre neue Heimat wieder aufsuchen. Auf dem Weg verfangen sie sich jedoch häufig in Netzen oder Plastiktüten. Aufmerksame Tierfreunde können die sympathischen Reptilien vorsichtig befreien und zum Hafen von Morro Jable bringen. Schaut euch also genau um! **Guardería de Tortugas** „Boba", Morro Jable, am Ende der Mole. Mo-Fr 10-13 Uhr. Eintritt frei.*

Was verbirgt sich wirklich hinter der sagenumwobenen Villa Winter?

verbreitet, Neugierige durchsuchen die frei zugänglichen Räume, alle fast leer und kaum gepflegt. In einer Ecke steht noch eine Pritsche mit groben Decken, wahrscheinlich der Ruheplatz der alten Verwalter. Misstrauisch folgt der graue Jagdhund den Spuren der Besucher. Endlich ein paar Daten, die glaubwürdig zu sein scheinen: 1962 wird Winter von der Verwaltung der Dehesa de Jandía S. A. 2.300 Hektar Land zwischen Morro Jable und Cofete übertragen, um die Halbinsel zu erschließen. Anfänge werden gemacht, Tomaten und Zuckerrohr angebaut, doch 1971 stirbt Gustav Winter und die Villa zerfällt. 1985 beginnen seine Erben, das Anwesen zu renovieren, die Kellerzüge werden zugemauert. Bis Anfang der 1990er-Jahre wird das Anwesen von einer privaten Überwachungsfirma vor Neugierigen geschützt. Dann erwirbt die Baufirma Lopesan S.A. den geheimnisvollen Platz. Geplant ist, ein luxuriöses Erholungsareal über dem Cofete-Strand zu errichten, was Umweltschützern gar nicht gefällt. Bis dahin verdienen sich die betagten Verwalter Rosa, Augustín und Pepe ein paar Euro, indem sie Besuchern das knarrende Holztor öffnen.

Auf eigene Faust zum Cofete-Strand

*Für geübte Fahrer ist es leicht, mit einem **Jeep** die Holperstrecke nach Cofete zu bezwingen. Gefährlich wird es mit einem niedrigen Mietauto mit Zweiradantrieb. Wer es trotzdem wagt, sollte vorher mit der Mietfirma sprechen, denn meist gibt es nur für Asphaltstrecken Versicherungsschutz. Im Restaurant **Cofete** (am Strand, unregelmäßige Öffnungszeiten) werden kleine Gerichte und Getränke gereicht. Am Strand kann man wundervolle Spaziergänge unternehmen, die müden Füße vom anrollenden Wasser benetzen lassen. Und wenn es auch noch so reizt, vom Bad in der Brandung ist dringend abzuraten, die Strömung zieht die Schwimmer unbarmherzig hinaus.*

Verlockend führt die Playa de Cofete durch die unwegsame Landschaft

Auf zum Ende des Wilden Westens

Beim zweiten Teil der Safari geht es zur Abzweigung zurück, dann westwärts etwa 8 km bis zum winzigen Nest mit dem stolzen Namen **Puerto de la Cruz**, Hafen des Kreuzes: zwei Molen und eine schiefe Ebene für Fischerboote. Das vielversprechende Windrad steht still, es müsste seit Jahren repariert werden. Die

kleine **Meerwasserentsalzungsanlage**, mit der Trinkwasser gewonnen wird, funktioniert trotzdem. Allerdings kommt der Strom nicht vom Windrad, sondern von zwei donnernden Dieselmotoren. Mitten auf der betonierten Plaza des Wildwest-Ortes erlegt ein Bronze-Fischer einen ebenfalls bronzenen Oktopus, früher die Haupteinnahmequelle der hiesigen Fischer.
Wer nicht auf das anschließende Picknick warten kann, sondern dringend einen Kaffee oder ein kühles Getränk braucht, könnte das Restaurant **El Caletón** mit Terrasse direkt über dem Meer aufsuchen. Die jüngeren Safariteilnehmer inspizieren den Raum, der mit allerlei Seemannszeugs und Meeresgetier dekoriert wurde. Hauptdarsteller ist ein aufgeblasener, stacheliger Kugelfisch. Hinter dem Weiler wird für die Safariritter ein Picknick veranstaltet: Brötchen mit Salami oder Käse, Obst und Getränke. Die Kinder ziehen es vielleicht vor, die Pause für ein Bad im gezähmt rauschenden Meer zu nutzen. Die Nichtschwimmer nehmen Platz auf riesigen, fast zu Sesseln geformten, schwarzen Basaltkieseln.
Letzte Sehenswürdigkeit der abwechslungsreichen Tour ist der **Faro de Jandía**. Der Leuchtturm wurde 1864 erbaut und kann nicht erklommen werden, besitzt aber neuerdings ein **Meeresmuseum** [Di-Sa 10-18 Uhr. Eintritt frei]. Hier wird über den Reichtum an Fischen informiert, über auf der Insel vielfach gestrandete Delfine und Wale und über die bizarre Schönheit der Inselküsten. Anschaulich wird es mit dem 20 m langen Skelett eines Schnabelwals. Es bleibt Zeit, sich vom Faro aus ein paar Schritte nordwärts auf Spurensuche zu begeben. Hier entdecken aufmerksame Pfadfinder ein Wasserauffangsystem, das früher für die Menschen dieser Gegend lebensnotwendig war. Es handelt sich um zwei gemauerte Rinnen, die das kostbare, weil seltene Regenwasser über schiefe Ebenen sammelten und es in eine Zisterne leiteten. Kaum ist die Entdeckung gemacht und kapiert, ruft der Safarileiter schon zur Abfahrt Richtung Urlaubsquartier. Schade, murmeln viele Teilnehmer, vor allem die jungen Safarifans behaupten, überhaupt noch nicht müde zu sein ...

Der Faro de Jandía bildet einen eleganten Abschluss für die Jeepsafari

Tour 6: Arrecife nach dem Dornröschenschlaf

Parque Islas Canarias • Parque Marina • Castillo de San Gabriel • Casa de los Arroyo • Iglesia San Ginés • Charco de San Ginés • Calle León y Castillo • Castillo San José • Museo Internacional de Arte Contemporáneo

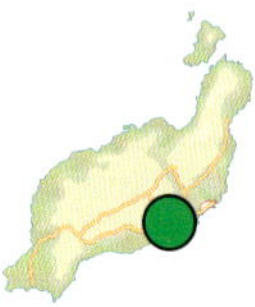

Wo: Lanzarotes Hauptstadt, im Zentrum, Ostseite – Wie: mit dem Bus in die Hauptstadt, dort zu Fuß – Dauer: ein halber Tag – Nicht vergessen: gute Laufschuhe, Badesachen, Kamera

In der Inselhauptstadt wurde lange Zeit lediglich gehandelt und verwaltet, während an den Stränden große Urlaubszentren entstanden. **Arrecife** dümpelte vor sich hin, das Hochhaus „Gran Hotel“ schien Symbol für die Stadt zu sein: keine Gäste, 1989 geschlossen, 1994 ausgebrannt, eine hässliche Bauruine. Der Umweltschützer und Künstler César Manrique konnte den damaligen Bau des Hotels zwar nicht verhindern, aber er sorgte für kulturelle Werte im ganzen Land und appellierte an die Verantwortlichen, die Hauptstadt der Insel endlich zu verschönern.

In der „Hungerfestung“ (S. 62) wurde ein modernes Museum eingerichtet

So funktioniert ein kanarischer Wasserfilter

Die Wasserfilter sind in einem hohen Holzregal montiert, grün oder braun gestrichen. Im oberen Teil befindet sich ein großes Gefäß aus Lavastein, darunter ein Auffangbehälter. Früher hatte jedes Haus eine solche Vorrichtung zum Reinigen des Trinkwassers. Das Wasser wird in den Lavabehälter geschüttet und fällt am unteren Ende supersauber Tropfen für Tropfen in den Tonkrug, den Bernegal. Mehrere dieser Wasserfilter sind im Timple-Museum in Teguise (siehe S. 74) immer noch in Betrieb.

Zeit der Veränderung

Allmählich wandelte sich das Bild der Metropole und wurde auch für Urlauber attraktiver. Das „Gran Hotel“ entwickelte sich zum Ausrufezeichen der Verwandlung: Nach der Renovierung zeigt es Luxus auf 17 Stockwerken – und einen Blick auf die hell leuchtende Hauptstadt. Arrecife ist von allen Urlaubsorten aus bequem mit dem Bus zu erreichen, was die nervige Parkplatzsuche erspart. Ein günstiger Stopp ist der **Parque Islas Canarias** im Westen der Stadt. Dort, wo der Rundgang beginnt, steht auch der lang verpönte Wolkenkratzer mit grün-weißer Fassade. Er dient den Stadtbummlern in dem sich flach am Meer entlangziehenden Arrecife als Orientierung. Westlich davon breitet sich die lange, feinsandige **Playa del Reducto** (siehe S. 25) aus, Kinder merken sich diese Stelle, um nach der Stadttour Erfrischung zu finden.

Kastell mit Zugbrücke und Kanonen

Unser Stadtspaziergang geht aber stadteinwärts bis zur nahen Calle Dr. Ruperto González Negrín. Diese endet in Richtung Meer auf einem kleinen Plätzchen, wo die unter einem Zeltdach sitzenden Männer für authentisch lokale Stimmung sorgen: Sie spielen Domino oder Karten und lassen sich gern dabei zuschauen. Nebenan bietet ein Kiosk mit einigen Tischen Getränke und Snacks. Ein Stück weiter, immer am Meer entlang, vorbei am **Parque José Ramiréz Cerdá**, auch bekannt als Parque Marina, mit Infostelle [Oficina de Turismo, Tel. 928 81 31 74, www.turismolanzarote.com.

Aus dem ausgehöhlten Lavastein tropft gereinigtes Wasser in den Bernegal

Castillo de San Gabriel wird von zwei drohenden Kanonen bewacht

Mo-Fr 9-13 und 17-19.30, Sa 9-14 Uhr], Markt [Mi/Do 9-14 Uhr] und einem schönen Kinderspielplatz, steht das **Castillo de San Gabriel** auf einer lang gezogenen Halbinsel. Nach jahrelanger Planung soll dort endlich ein historisches Museum eingerichtet werden. Ein genaues Datum steht zum jetzigen Zeitpunkt allerdings noch nicht fest. Wenn geöffnet, verschafft man sich vom Söller der von zwei Kanonen bewachten Festung einen Überblick über die verwinkelte Altstadt, wo die Stadttour gleich fortgesetzt wird. Zurück geht es durch die **Puente de las Bolas**, eine Zugbrücke (bücken unter der Hebeanlage), geschmückt mit zwei großen Steinkugeln, den Bolas.
Jenseits der historischen Brücke zieht in der Häuserfront eine Fassade mit kanarischen Fensterrahmen und Türen aus Holz die Blicke auf sich: die **Casa de los Arroyos** [Avenida Coll 3. Mo-Fr 8-15 Uhr. Freier Eintritt]. Wunderschön zeigt sich der Innenhof des Gebäudekomplexes mit Holztreppen und zierlichen Balkonen sowie dem inseltypischen Wasserfilter, dem **Bernegal** (siehe Kasten S. 59).
Noch vor dem Rathaus geht links die Calle Manuel Miranda ab. Nach ein paar Schritten betritt man rechts den Marktplatz **La Recova**, ein wahres Bummelerlebnis: ein paar Stände mit Obst und Gemüse, ein Flickschuster (Zeit, die Absätze und Sohlen zu prüfen!), ein Kräuterladen, Kunsthandwerk und schließlich die **Artesanía Andybrot** [Mo-Fr 9-14 Uhr]. Bäcker Andy aus Stuttgart bietet u. a. preiswerte Brote, Brötchen und leckere süße Stücke. Hier lassen die Kids bestimmt nicht locker.

Kirche und großer Samstagsmarkt

Als Nächstes fordert das geistliche Zentrum seinen Tribut, die **Iglesia San Ginés** an der gleichnamigen Straße [Tägl. 9-13 und 17-20 Uhr]. Die kleine Kapelle, welche zuvor hier stand, wurde von einer Kirche abgelöst, in der 1798 die erste Messe anlässlich der Hafeneinweihung gehalten wurde. Die schattige **Plaza de las Palmas** vor dem Gotteshaus bietet sich mit ihren Bänken für eine Ruhepause unter Palmen und Indischen Lorbeerbäumen an. Hier und in den Gassen ringsum findet jeden Samstag von 9.30 bis 14 Uhr der bunte **Mercado Turístico Artesanal 2020** statt, mit Waren aller Art und einer reichhaltigen Auswahl an Getränken und Tapas.
Jetzt aber in die Kirche: Durch das mit dunklen Lavasteinen umrahmte Hauptportal betritt man die breite Halle, welche mit dunklen, geschnitzten Holzdecken abgeschlossen ist. Im Kontrast zu den fast schwarzen Rundpfeilern und Rundbögen steht die weiße, golden umrahmte Hochaltarwand. Das schlan-

ke Kruzifix in der Mitte wird von der Muttergottes mit Kind und einer Skulptur des Namensgebers flankiert: **San Ginés** war der erste Bischof von Arrecife. Auf der linken Seite hängt wie meist in den kanarischen Kirchen ein Gemälde zum Gruseln: „Das Jüngste Gericht".

Die einst stinkende „Pfütze"

Hinter der Kirche öffnet sich der romantische **Charco de San Ginés**, eine blaue Lagune. Blau sind auch die Geländer um die sogenannte „Pfütze", im Hintergrund sind terrassenförmig angeordnet die weißen, kubischen Fischerhäuser. Bunte Fischerboote spiegeln sich im Wasser, im Osten ist eine kleine Brücke, hier hat die Lagune Verbindung zum Meer. Früher wurden bei Flut die Thunfische in die Charco-Falle getrieben und bei Ebbe gejagt. Als der später vernachlässigte Teich anfing, wegen fehlender Wasserbewegung einen üblen Geruch zu entwickeln, setzte sich César Manrique dafür ein, ihn zu reinigen und die Umgebung zu pflegen. So entstand eine Fußgängerzone mit Restaurants und Bars und mit romantischem Blick auf den blauen Charco. Westlich des Sees zieht sich die Einkaufsstraße **León y Castillo** durch die Stadt. Zwischen Boutiquen und Bars locken zahlreiche Straßencafés zu einer längeren Rast.

Eine Festung gegen Hunger

Ein kultureller Höhepunkt befindet sich im Nordosten Arrecifes zwischen Fischerei- und Handelshafen: das

Inzwischen hat sich der Charco (Pfütze) zu einer blauen Lagune entwickelt

Castillo de San José, eine Festung von 1779, 8 m über der Steilküste. Nicht um Piraten abzuwehren wurde die massige Burg gebaut, sondern als Arbeitsbeschaffungsmaßnahme. Um den nach den Vulkanausbrüchen zwischen 1730 und 1736 Hunger leidenden Menschen mit einem Arbeitslohn zu helfen, ließ König Carlos III. das Castillo bauen, weshalb es volkstümlich auch „Hungerfestung" (Fortaleza del Hambre) genannt wird. Zwischen 1974 und 1976 ließ der Inselkünstler César Manrique das Kastell umbauen, um dort das **Museo Internacional de Arte Contemporáneo** [Avenida de Naos s/n. Tägl. 10-20 Uhr. Erw. € 2,50, Kinder (7-12 J.) € 1,25] einzurichten. Es nimmt einen langen Raum mit Tonnengewölbe ein, der die gesamte Breite des Gebäudes umfasst. Vorteilhaft für junge Museumsbesucher ist die Großzügigkeit. Man wird nicht erdrückt, denn es beherbergt nur wenige auserlesene Kunstwerke spanischer und kanarischer Künstler, u. a. von Oscar Domínguez, Joan Miró und natürlich César Manrique. Kunstvoll schwingt sich auch die Treppe über eine Zisterne nach unten und endet im modernen Restaurant (siehe Kasten). Über eine breite Fensterfront gibt es den Blick auf Lanzarotes Großhafen **Los Mármoles** frei.

Mit Tischen auf der Straße

Pizzería Italiana da Gigi, *Calle Dr. Ruperto González Negrín 4: Do-Di 12-16 u. 19.30-24 Uhr, Pizza nach italienischem Stil, ab € 4.*
Lemon, *am Charco: Mo-Sa 10-24 Uhr, Hamburger und Sandwiches € 3, Tapas ab € 2,50.*
Tángara-Café, *am Charco: tägl. ab 11 Uhr, modernes, großes Restaurant, kleine Gerichte, Kaffee und Kuchen, abends Musik und Cocktails.*
Café Central, *Calle Léon y Castillo 34: Mo-Sa ab 10 Uhr, Torten und Kuchen, Tagesmenü € 10, Tapasauswahl ab € 4.*
Castillo de San José, *Restaurant innerhalb der gleichnamigen Festung: tägl. 13-16 und 19-23.30 Uhr, elegantes Ambiente, Touristenmenü mit Getränken und Brot € 24, Fisch ab € 13, Tapas ab € 4, Kinderstühle und Kinderteller.*

Souvenirs und Speiseeis

Beim intensiven Schaufensterbummel durch die ***Calle León y Castillo*** *übersehen die Erwachsenen gern den unauffälligen Eingang zum* ***Mercadillo*** *(kleiner Basar). Also, Kinder, aufgepasst, führt eure Eltern zu den Geschäften mit Kunsthandwerk und Lederwaren, eine gute Gelegenheit, an Geschenke zu denken. Das zweistöckige Gebäude mit Glasdach und gemütlichem Patio wirkt sofort sympathisch. Es muss ja nicht zu offensichtlich dafür geworben werden, dass es hier zufällig auch eine Eisdiele und Cafeteria gibt.*

Tour 7: Zu Lavahöhlen und einer verkehrsfreien Insel

Guatiza • Arrieta • Jameos del Agua • Cueva de los Verdes • Malpaís de la Corona • Órzola • La Graciosa • Mirador del Río • Haría

Wo: im Nordosten Lanzarotes – Wie: mit dem Auto und einem Boot – Dauer: Tagesausflug, kann auf mehrere Tage verteilt werden – Nicht vergessen: Badesachen, Fernglas, Picknick

Hauptattraktionen dieser Tour sind immer wieder Werke des großen Künstlers und Architekten César Manrique, ein Sohn der Insel, ein Vorkämpfer für den Umweltgedanken. Dort wo er Touristenattraktionen schuf, wie z. B. Spaziergänge in Lavahöhlen oder Aussichtspunkte mit Restaurants, spürt man sein kreatives Geschick. Die Restaurants bei den Miradores verschwinden im Berg, sind von außen kaum zu entdecken. Die Lavaröhren wurden nicht den Bedürfnissen des Massentourismus angepasst, sondern durften so bleiben, wie die Natur sie schuf.

Von der Schildlaus zum Kakteengarten

Die LZ-1 führt von Arrecife in den Norden der Insel. Schon ab **Guatiza** bis hoch nach Mala wird die Neugierde geweckt: ringsum liegen weite Kakteenfelder, die Opuntien mit ihren großen, grünen Ohren und stacheligen Früchten. Klar, hier muss man stoppen und sich wundern über kleine Säckchen, die auch heute noch gelegentlich an manchen Ohren hängen. Die Erklärung: Opuntien waren früher ein wichtiges Wirtschaftsgut der Insel, an ihren Blättern wurde die Koschenillelaus gezüchtet. Deren Larven stecken in den Säckchen und ziehen Saft aus der Pflanze, bis sie prall und voll sind mit dem wertvollen Farbstoff Karmin. Selbst heute wird das Naturprodukt noch zum Färben von Lippenstiften und Likören benötigt. Manche Bauern schaben weiterhin die satten Larven von den Kaktusblättern, trocknen sie und warten ab, bis die Weltmarktpreise wieder stei-

In Haría liegt das Grab von Manrique, der Lanzarote wesentlich geprägt hat

gen. Momentan ist die Konkurrenz aus Süd- und Mittelamerika noch zu stark. Die Kakteen von Guatiza waren für den Inselkünstler César Manrique Anlass, mitten in den Opuntienplantagen einen offenen Steinbruch in einen Botanischen Garten, den **Jardín de Cactus** (siehe S. 96) zu verwandeln. Er ist nicht zu verpassen, denn am nördlichen Ortsrand steht ein Riesenkaktus, darüber bewegt eine restaurierte Gofiomühle ihre Flügel.

Es duftet nach Knoblauch

Ein paar Kilometer weiter Richtung Norden macht am Verkehrskreisel Manriques rotes Windspiel, eines seiner Straßenkunstwerke, auf **Arrieta** aufmerksam, ein kleines Nest, dessen Fischrestaurants mit reichlich Knoblauchduft in den Gassen werben. Vor dem Ortskern reizt schon die **Playa de la Garita** zu einem Sprung ins Meer. Der Strand ist durch eine Fußgängerbrücke mit dem Ort verbunden. Am nördlichen Ende fällt die **Casa Juanita** auf, auch Blaues Haus genannt. In seinen Mauern spielte sich eine etwas verkorkste Romanze ab. Ein verschmähter Prinz soll seine Angebetete an diesen versteckten Platz verbannt haben. Nach ihrem Tod gab es auch im Leben der Nachbesitzer nur Pech, sodass es hier keiner lang aushielt. Auch der neue Besitzer besucht den kostbaren Pavillon nur selten.

Das Blaue Haus sieht schön aus, schreckt seine Besitzer aber eher ab

Altar der Guanchen

Dies ist eine Aufgabe für junge Pfadfinder. Zunächst gilt es, zwischen den ***Jameos del Agua*** *und der* ***Cueva de los Verdes*** *einen Trampelpfad zu finden. Ab der Kreuzung entdecken aufmerksame Augen in Richtung Cueva de los Verdes nach 35 Schritten links auf einem Lavahügel die* ***Quesera de Bravo*** *(frei zugänglich), eine altkanarische Kultstätte. Zwei Theorien: Eine Reihe mit Vertiefungen deutet auf Mörser hin, vielleicht zum Stampfen von Tabaiba, dem Wolfsmilchgewächs, dessen Saft für Heilzwecke diente. Oder: Es sei ein Opferaltar der Guanchen gewesen, die den Göttern Tierblut oder Milch opferten, damit endlich Regen falle. Und warum Quesera? Das Ablaufsystem ähnelt dem für Molke bei der Käseproduktion.*

Abenteuer in Lavaröhren

Die Harmonie zwischen Mensch und Natur erleben Lanzarote-Urlauber an vielen Punkten der Insel, wenn sie den Spuren des Naturschützers César Manrique folgen. So in den **Jameos del Agua**, ein begehbar gemachter, unterirdischer Komplex aus Lavaröhren (siehe S. 95). Ein prickelndes Gefühl überkommt die Besucher beim Anblick der zwei nach oben offenen Grotten, die durch einen natürlichen Tunnel mit einem unterirdischen See verbunden sind. Ein Katzensprung nach Westen und schon wieder geht es nach unten. Auch die **Cueva de los Verdes** (siehe S. 95) ist Teil des 7 km langen Lavatunnels. Dieser Marsch durch Gänge, Vulkanröhren und Grotten ist ebenso aufregend. In Zeiten schlimmer Erdbeben eine wichtige Nachricht: In dieser Cueva arbeitet hinter einer eisernen Tür das größte vulkanologische Labor im Atlantik, hier werden alle Bewegungen in der Erde gemessen.

Vom Hafen zur Trauminsel

Die LZ-1 führt dann an der Küste entlang mitten durch das **Malpaís de la Corona**. Dieses „schlechte Land" hat der immer sichtbare Vulkan **Monte de la Corona** vor etwa 5.000 Jahren ausgespuckt. Eine bizarre, schwarze Landschaft, dazwischen kleine Strände mit gleißend hellem Sand, eine Versuchung, der man nicht widerstehen soll. Mit Picknick im Rucksack kann man auch eine längere Pause einlegen. Doch Vorsicht! Nicht am Rand der Badeplätze einschlafen. Wenn die Flut kommt, schwimmen Luftmatratze und Badetuch schnell auf hoher See. Bald ist das Fischer- und Hafenstädtchen **Órzola** erreicht, das schon morgens nach

Nur ein „Delfinsprung" ist es vom Hafen Órzolas zur Insel La Graciosa

frittierten Fischgerichten duftet. Vor den Restaurants liegt der kleine Hafen mit den Booten von **Líneas Marítimas Romero** und **Biosfera Express** [Regelmäßig 7-18 Uhr. Rückfahrticket Erw. € 20, Kinder (4-12 J.) € 11], die in einer halben Stunde **La Graciosa** erreichen. Nun entscheidet der Familienrat: Wenn die Zeit reicht, wäre eine Bootsfahrt mit Strandaufenthalt empfehlenswert. Wer sich den Urlaub durch mehr paradiesische Erlebnisse versüßen will, sollte eine Übernachtung wählen. In Órzola und La Graciosa hat fast jede Bar eine Pension.

Neues hinter jeder Kurve

Bei längerem Aufenthalt ist eine Rundwanderung gespickt mit Badestopps zu empfehlen (Picknick, Wasser und Kamera nicht vergessen). Teilweise ist die Strecke auch mit dem Mountainbike (Verleih vorhanden) zu bewältigen. Bequemer ist es mit den Jeeptaxis. Tipp: Siggi spricht deutsch und kennt jede Ecke [Excursiones La Graciosa, mobil 630 43 31 10, alvarez-moralez@hotmail.com, Mit Rückfahrt € 10 pro Person]. Eine komplette Umrundung zu Fuß dauert vier bis fünf Stunden. Die Stationen im Zeitraffer: Start im Hafenort **Caleta del Sebo** im Uhrzeigersinn. Es folgt der schönste Strand der Insel, die **Bahía del Salado**. Bei Ebbe sind die Löcher in den Felsplatten mit Wasser gefüllt, darin schwimmen kleine Fische, Muscheln, Krebse und Schnecken. Auch die Flut macht Kindern viel Freude, dann bildet sich eine flache Lagune, ein Charco. Als nächstes lockt die **Playa Francesa**, beliebt wegen ihrer Größe, der ruhigen See und dem sanften Einstieg. Danach erscheint hinter hohen Dünen die **Montaña Amarilla**, der „gelbe Berg", Kulisse für die **Playa de la Cocina**, ein kleiner FKK-Strand. Entlang der windigen Westküste sollten Kinder und unsichere Schwimmer auf ein Bad verzichten, die Atlantikwellen stürmen zu stark. Die Küste zieht sich hoch bis zur wunderschönen **Playa de las Conchas**. Muschelsammler aufgepasst, Conchas bedeutet Muscheln, Abermillionen meist zerfallene Muscheln! Ohne Stopp sind bis hierher zwei Stunden vergangen. Der nördlichste Punkt der Wanderung ist die Punta Gorda, östlich von ihr bietet sich bei den **Caletones** wieder ein Naturschauspiel: Ein Hexenkessel aus schwarzen, feucht glänzenden Basaltfelsen, einem tiefen Fjord, wo es zischt und brodelt, und eine beeindruckende Basaltbrücke. Von der Playa del Ámbar bis zur Sommer-/Feriensiedlung Pedro Barba wird der Weg durch eine tiefe Sandpiste etwas beschwerlicher. Interessant für Wanderer wird südwestlich des Ortes ein großes Sandgebiet. Mitten durch das Gelände verläuft der tiefe **Barranco de los Conejos** (der Kaninchen). Er endet abwärts an einer kleinen hellsandigen Bucht. Unzählige Fossilien schmücken den Weg. Entlang der Küste passiert man vor **Caleta del Sebo** den Ortsteil **La Sociedád**, an dessen schwarzen Felsen nach der Flut ältere Männer mit einem starken Fußtritt die festgesaugten Napfschnecken (lapas) von der Rocca trennen. Lapas sind auf La Graciosa ein Leckerbissen, den sich Feinschmecker nicht entgehen lassen sollten.

Fischgerichte für alle

In Arrieta zu empfehlen:
***Amanecer**, Calle La Garita 46: Fr-Mi 12-20 Uhr, einfaches Familienrestaurant über dem Meer, Spezialitäten: frische Seezungen (Jan/Feb) und Calamares (Nov/Dez), Fisch ab € 11.*

In Órzola sind die guten Restaurants deutlich sichtbar rund um den Hafen zu finden:
***Bahía de Órzola**: tägl. ab 10 Uhr, Tagesmenü € 11, Spaghetti € 4, Kinderportionen zum halben Preis.*
***El Norte**: Fr-Mi ab mittags durchgehend, Fisch ab € 10, auch Pasta und Schnitzel.*
***Os Gallegos**: Mi-Mo ab mittags durchgehend, Gerichte wie El Norte.*

Zu Manriques schönstem Ausguck

Auf der Rückfahrt von Órzola zum Urlaubsort sollte ein kleiner Abstecher eingeplant werden. Auf der LZ-204, einer landschaftlich abwechslungsreichen Nebenstrecke, geht es südwärts.

Am Treffpunkt mit der LZ-201, übergehend in die LZ-203, fahren Sie in wenigen Minuten wieder nach Norden bis zum berühmten **Mirador del Río** [Tägl. 10-18 Uhr. Erw. € 4,50, Kinder (7-12 J.) € 2,25. Bartheke mit Snacks und Getränken]. Hier hat César Manrique in 475 m Höhe einen der schönsten Aussichtspunkte in den Berg **Batería Grande** gemeißelt. Vom Hauptraum fällt der Blick auf die grazile Insel La Graciosa mit ihren trichterförmigen Vulkanen. Noch breiter ist die Aussicht vom Dach aus oder von der Terrasse vor dem Fenster. Unterhalb des Mirador zieht sich der 15 km breite **Risco de Famara** entlang, ein steiler Bergrücken mit endemischen, also vorwiegend hier gedeihenden, Pflanzen. An der Küste sind die stillgelegten **Salinas del Río** auszumachen, durch winzige Krustentiere rosa gefärbte Salzwasserbecken.

Haría mitten im Palmental

Wer noch keine müden Füße und etwas Zeit hat, macht einen Abstecher zum **Tropical Park** (siehe S. 94), Heimat für tropische Pflanzen und Tiere. Sonst geht es weiter zum weißen Kleinod **Haría**. Der Ort liegt in einem fruchtbaren Palmental, 1.000 Kanarische Dattelpalmen will man dort gezählt haben. Rund um das Dorf werden Linsen, Kartoffeln und Kohl angebaut, Wanderwege führen durch die grüne Landschaft mit duftenden Feigenbäumen, Kräutergärten und Salatbeeten. Das einmalige Mikroklima schuf eine grüne Landschaft, die man der Insel kaum zutraut. In Haría wurde die traditionelle Architektur noch vielfach erhalten: Zahlreiche Bürgerhäuser im andalusischen Stil mit geschnitzten Holzbalkonen und weiße kubische Bauernhäuser mit Fenstern und Türen in den klassischen Inselfarben: Grün

Von Manriques Mirador del Río eröffnet sich der schönste Ausblick über die Insel

für die Vegetation, Braun für die Vulkane und Blau für den ständig blauen Himmel. Hierher hatte sich Manrique zurückgezogen, nachdem er sein Haus in Tahiche der Öffentlichkeit und seiner Fundación zur Unterstützung junger Künstler überlassen hatte (siehe S. 69). Die lang gestreckte **Plaza Léon y Castillo** mit Restaurants und der Kirche **Nuestra Señora de la Encarnación** [Nur zur Messe geöffnet] am hinteren Ende ist ein Zentrum für Müßiggänger. Uralte Eukalyptusbäume und Indischer Lorbeer spenden Schatten. Weiter südlich wird die **Plaza de la Constitución** von prall blühender Bougainvillea geschmückt. Dort fällt auch das prächtige Rathaus auf, das im 19. Jahrhundert gebaut wurde. Die Gemeinde bemüht sich, das inseltypische Kunsthandwerk am Leben zu erhalten. So findet man in einem restaurierten historischen Gebäude in der Calle de la Longuera Harías **Taller Municipal de Artesanía** [Di-Sa 10-13 u. 16-19, Mo 10-13 Uhr]. In diesem Kunsthandwerksgeschäft werden nur Souvenirs aus eigener Fertigung verkauft. Geschickte Hände formen Keramik, flechten Körbe, sticken und klöppeln. Gegenüber kann man sich im kleinen **Mercado Municipal** [Mo-Fr 9-13 Uhr] mit frischem Obst und Gemüse eindecken, auch mit Fleisch und ab und zu mit Fisch.

Gut speisen in Haría

Dos Hermanos *(auch Ney-Ya), Plaza Léon y Castillo s/n: tägl. ab mittags durchgehend, kanarische Spezialitäten, auch Kuchen und Desserts, Tische auf der Plaza.*

Mesón La Frontera*, Calle Casa Atrás 4: Mo-Sa ab mittags durchgehend, So 12-17 Uhr, Grillspezialitäten, Blick ins Tal der 1.000 Palmen, Kinderspielplatz.*

El Cortijo*, Calle el Palmeral 6, an der LZ-10 Richtung Teguise: Di-So ab mittags durchgehend, kanarische Spezialitäten, rustikale Räume in altem bäuerlichen Anwesen.*

Wäldchen mit Ausblick

Südlich von Haría wird auf der LZ-10 nach dem Mirador de Haría rechts eine Radarstation der spanischen Luftwaffe sichtbar. Diese links liegen lassen und auf einer Piste zu Lanzarotes einzigem Wäldchen, dem ***Bosquecillo*** *mit Kanarischen Kiefern und wilden Olivenbäumen fahren. Es eröffnet sich ein Picknickplatz mit Blick auf Steilfelsen und Meer. Links von der Radarstation führt ein Weg zur* ***Ermita de las Nieves****. Die Kapelle steht auf einem Plateau, von dessen Rand sich ein einmaliger Blick bietet: die Steilküste und Teile von La Graciosa im Nordwesten, El Jable, das glimmernde Sandgebiet, im Westen, im Süden ist Teguise mit seinem Castillo, dahinter Arrecife auszumachen, im Osten schließlich die Küste von Arrieta.*

Tour 8: Das bäuerliche Herz der Insel

Fundación César Manrique • San Bartolomé • Monumento al Campesino • Tiagua • Mancha Blanca • Caleta de Famara • Teguise

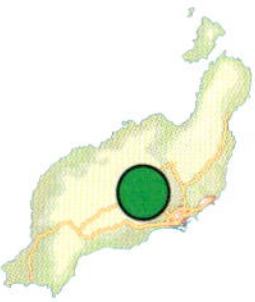

Wo: im Zentrum Lanzarotes – Wie: mit dem Auto, Teguise auch mit dem Bus erreichbar – Dauer: Tagesausflug – Nicht vergessen: Informationsmaterial über César Manrique, Badesachen

Im Herzen der Insel sind nicht nur Manriques Spuren wie sein früheres Lavahaus und das kubistische Denkmal für die Bauern zu finden, hier wird bis heute Landwirtschaft betrieben. Rund um die Dörfer gedeihen Tomaten, Kartoffeln und Wein, ein ganzes Museum widmet sich in Tiagua dem bäuerlichen Leben, im Sandgebiet „El Jable“ gedeihen Kraut und Gemüse ganz ohne Regen und künstliche Bewässerung. Den Abschluss ziert Teguise, die frühere Hauptstadt, bewacht von einer mächtigen Burg. Wer nicht ganz so früh aufstehen mag, kann die Tour auch umdrehen und in Teguise beginnen, um dort nicht am Nachmittag vor verschlossenen Türen zu stehen. Vorab kann man sich mit Materialien von den Touristinformationen über das Leben von César Manrique informieren.

Durch die Unterwelt

Nur wenige Kilometer von Arrecife entfernt, gleich neben dem Ort **Tahíche**, gilt ein Pflichtbesuch der **Fundación César Manrique** (siehe S. 98). Der Gebäudekomplex der Fundación war von 1968 bis 1987 Manriques Wohnhaus. Fantastisch ist bereits, wie er sein Domizil fand: Als Manrique eines Tages mit dem Auto auf Tahíche zufuhr, bat er plötzlich seinen Fahrer, anzuhalten. Der Künstler sichtete inmitten einer weiten Lavafläche die Spitze eines Feigenbaumes, die zaghaft aus dem schwarzen Boden hervorlugte. Der Baum hatte in einer von fünf zusammenhängenden Vulkanblasen Wurzeln geschlagen und reckte sich der Sonne entgegen. Der Entdecker machte die Landbesitzer ausfindig, um das Grundstück zu kaufen, doch diese wollten keine Bezahlung für das wertlose Land. Er solle sich einfach so viel nehmen, wie er brauche. Mit dem sogenannten **Taro de Tahiche** (taro: frühere Hirtenhütten

Unter der kargen Einöde befinden sich kunstvoll hergerichtete Lavahöhlen

aus Lava) erfüllte sich der Künstler einen Traum, der den einzigartigen Charakter Lanzarotes im Kleinen widerspiegelt: Die Verbindung zwischen äußerer Unfruchtbarkeit und Einöde und dem Leben und der Schönheit im Inneren. Die unteren Wohnräume, die fünf Lavablasen, erreichte Manrique über eine Wendeltreppe. Gerade hier beginnt auch für die jüngeren Besucher ein erlebnisreicher Spaziergang durch die Unterwelt.

Eine reiche Gemeinde

Von Manriques Traumhaus geht die LZ-34 in Richtung San Bartolomé. Dort, wo die Straße ansteigt, sind rechts auf der Kuppe ein paar Ruinen zu sehen. Ein ausgeblichenes Plakat weist auf das Kulturzentrum des Zonzamas-Palastes hin. Zonzamas (gest. 1385) war Lanzarotes letzter König. Das Andenken an ihn, das **Palacio de Zonzamas**, zerfällt jedoch immer mehr, seit Jahrzehnten wird nur geredet und geplant.

Im Museum Tanit hat das lanzaroteñische Leben Einzug gehalten

Der saubere und fortschrittliche Ort **San Bartolomé** [Informationsbüro, Calle del Doctor Cerdeña Bethencourt 17, Tel. 928 52 23 51, Fax 928 52 23 88, www.sanbartolome.es] hat sich fein herausgeputzt. Im Zentrum der Stadt steht das Rathaus, das einem Herrenhaus der amerikanischen Südstaaten ähnelt, daneben die schlichte **Iglesia de San Martín** [Mo-Sa 19.30, So 12 Uhr]. Nebenan beginnt die Fußgängerzone mit der großzügigen **Plaza Léon y Castillo**, ein schöner Platz zum Rasten. Gleich unterhalb der verkehrsfreien Zone lohnt sich ein Besuch des in einem Landgut aus dem 18. Jahrhundert untergebrachten Völkerkundemuseums **Tanit** [Museo Etnográfico Tanit, Calle Constitución 1, www.museotanit.com. Mo-Sa 10-14 Uhr. € 6 pro Person (ab 12 J.)]. In einem alten Weinkeller wird die Zeit der Guanchen bis zum 20. Jahrhundert lebendig. Mit dem deutschen Begleittext findet man sich einigermaßen zurecht, hier befindet sich alles aus dem lanzaroteñischen Leben, was den Gründern, dem Sammlerehepaar Ferrer Perdomo, sammelnswert schien. Kinder im Spielalter sollten nicht versäumen, im unteren Teil des Anwesens die Puppen- und Spielzeugsammlung zu suchen. Oberhalb der Landstraße nach Tías bekommen die Besucher einen Rundblick über die Geschichte der Insel in der **Casa Mayor Guerra** [Calle Serpiente 1. Di-So 10-17 Uhr. Erw. € 6, Kinder (7-12 J.) € 3], dem restaurierten Herrenhaus einer der einflussreichsten Familien der Insel.

Bauer, Dromedar und Esel

Mitten auf einer großen Kreuzung im Zentrum der Insel erhebt sich, weithin sichtbar, das 15 m hohe **Monumento al**

Campesino. Das abstrakte Denkmal aus weiß lackierten Trinkwasserkanistern alter Fischerboote hat César Manrique zusammengeschweißt und den fleißigen Bauern der Insel gewidmet. Er nannte es „Fecundidad", was Fruchtbarkeit bedeutet. Beim Betrachten ist etwas Fantasie gefragt. Wer erkennt den Bauern mit Dromedar und Esel?
Neben dem Monument steht die **Casa Museo del Campesino** [Tägl. 10-17.45 Uhr. Eintritt frei]. In den Räumen des großen, in kanarischer Architektur gebauten Rundhofes können die Besucher Kunsthandwerkern bei der Arbeit zuschauen: Weberinnen, Keramiker, Palmfaserflechter, Lederhandwerker. In einem Raum steht eine Sammlung von kleinen Gofiomühlen, in einem anderen sind die Tonfiguren der Guanchenkönige und ihrer Frauen aufgereiht.

Starke Männer, schlaue Frauen

*In zwei restaurierten Mühlen des Bauernmuseums wird gezeigt, wie die Guanchen Gofio mahlten. Bei den Windmühlen handelt es sich um einen **Molino**, männlich, mit Turm und um eine **Molina**, die einstöckige weibliche Form. Warum? Beim Molino müssen die Säcke von starken Männern nach oben getragen werden, bei der Molina werden die Kornsäcke ebenerdig in das Mahlwerk gekippt. Klingt vielleicht unfair, aber dafür bietet der höhere Molino mehr Windgarantie.*

Bei der Deutung des Monumento al Campesino ist Fantasie gefragt

Dösende Dromedare

Der landwirtschaftlich geprägte Ort **Tiagua** in der Treibsandlandschaft von **El Jable** ist vom Campesino-Monument nordwärts über die LZ-20 erreichbar.
Um Landwirtschaft in seiner vielfältigen Art (siehe Kasten S. 73) geht es am Rande des Ortes im **Museo Agrícola El Patio** [Calle Echeyde 18, www.museoelpatio.com. Mo-Fr 10-17.30, Sa 10-14.30 Uhr. € 5 pro Person (ab 12 J.)]. Folgen Sie dazu der LZ-401 Richtung Muñique und Sóo, dann rechts. Im schönen Herrenhaus von 1850 wird das Leben der Bauern und Handwerker durch Arbeitsgeräte, Fotos und eine Multivisionsshow veranschaulicht. Für etwas Bewegung nach

langer Autofahrt sorgen Wege durch bewirtschaftete Felder, vorbei an Zisternenanlagen für das wenige Regenwasser und an Weinstöcken mit kleinen Schutzmäuerchen. Im Hof des in mühsamer Arbeit restaurierten Landguts dösen Ziegen und Dromedare, Hühner scharren im Boden. Ein kleines völkerkundliches Museum und ein Weinmuseum ergänzen den lehrreichen Rundgang. In der Bodega können selbst erzeugte Weine, Fruchtsäfte und ein kleiner Imbiss mit inseltypischer Wurst und der scharfen Soße, der Mojo (siehe Kasten S. 16), verkostet und gekauft werden.

Und die Lava erstarrte

Über die LZ-46 ist westwärts schnell **Mancha Blanca** erreicht. Hier vollzog sich einst eine spannende Geschichte. Die Einwohner des Ortes, 6 km nördlich der Feuerberge, fühlten sich lange sicher vor der Lava. Doch mit einem der letzten Ausbrüche 1736 wälzte sich die flüssige Glut auch auf diesen Ort zu. Die Verängstigten liehen sich in Tinajo von der Kirche San Roque die Statue der **Virgen de los Dolores** und zogen in einer Prozession der Lavawalze entgegen. Wenn die Madonna die Gefahr bannte, wollten sie ihr eine Kapelle bauen. Kurz vor dem ersten Haus erstarrte die gefährliche Masse tatsächlich. Die Ausbrüche waren zu Ende, die Bauern von Mancha Blanca gingen ihrem Tagewerk nach, vergaßen Madonna und Gelöbnis – 44 Jahre lang! Dann meldete sich die Heilige Jungfrau durch ein kleines Hirtenmädchen: Sie könne ihr Wunder auch umkehren, starre Lava wieder in strömende Glut verwandeln! Die Warnung zeigte Früchte: 1781 entstand das schlichte Gotteshaus, die **Ermita de los Dolores** [An der LZ-46. Meist durchgehend geöffnet]. 1824 zitterte die Erde erneut und presste Magma nach oben. Die glühende Lava begrub die fruchtbare Ebene von Tiagua unter sich. Doch die Einwohner Mancha Blancas

Im Museo Agrícola (S. 71) finden Tiere sowie gestresste Urlauber ein wenig Ruhe

Trickreicher Trockenfeldanbau ohne Regen

***El Jable** (altspanisch für Sand) hat die Eigenschaft, den Nachttau wie ein Schwamm aufzusaugen und die Feuchtigkeit tagsüber an die Wurzeln der Pflanzen weiterzugeben. Man schaufelt also Vertiefungen in den Sand, gibt Samen und Dünger in den Trichter und ebnet den Sandacker wieder ein. Dann keimen Melonen, Kartoffeln und Bataten, Gurken und Tomaten, Hülsenfrüchte und Getreide. Um die Pflanzen vor dem austrocknenden Wind zu schützen, werden u. a. Obstkisten verwendet. Doch der klassische Schutz sind etwa 15 cm breite Getreidestreifen am Rande der Äcker: Das reife Korn wird bis auf 50 cm über dem Boden geschnitten, der dichte Stoppelzaun wehrt den ständig wehenden Wind ab.*

hatten abermals Grund zum Jubel: Die spät geehrte Madonna leitete auch diesen Lavastrom um. Seitdem veranstaltet der Ort am 24. Mai und am 15. September zu Ehren der **Virgen de los Volcanes**, wie der Ehrentitel der Madonna lautet, eine prächtige Prozession. Zu besichtigen ist die Wundertäterin in der Kirche in einer weißen Nische der Hochaltarwand.

Zum wilden Famara-Strand

Über den gepflegten Ort **Tinajo** kann man nach Norden einen Abstecher machen in das Sportzentrum **La Santa** (siehe S. 125). Nun geht es aber weiter nordostwärts, quer durch die Wüstenlandschaft **El Jable** (siehe Kasten). Die LZ-401 durchquert das Bauerndorf Sóo und endet zunächst im Fischerort **La Caleta de Famara**. Die Straßen sind hier oft mit verwehtem Sand bedeckt, Wildweststimmung kommt auf. In den Restaurants gibt es meist Fischgerichte, manche bieten aber für die Kids auch Pizza an. Weiter östlich folgt die windige **Playa de Famara** (siehe S. 30). Eine alte Windmühle markiert den Strand. Er eignet sich jedoch eher zum Sonnenbaden, denn durch Unterströmungen ist das Schwimmen zu gefährlich. Windsurfer jedoch schätzen diese Ecke Lanzarotes. Von der Windmühle geht es auf der LZ-402 weiter südwärts. Nach rund 2 km erreichen Sie die Kreuzung Casa del Molino. Dort nehmen Sie geradeaus die unbezeichnete Nebenstraße und nach 7 km ist Teguise erreicht.

Eine klassische Schönheit

Lanzarotes schönste Stadt wurde bereits 1455 zur Villa Real, zur „königlichen Stadt" erhoben und bald danach auch Bischofssitz. Kein Wunder, dass bis heute edle Paläste und Sakralbauten das Gesicht des Ortes bestimmen. Trotz mancher Plünderungen und Brandschatzungen durch Piraten (siehe Kasten S. 74) hat sich **Teguise** [Touristinformation, Plaza de la Constitución s/n, Tel. 928 84 53 98, www.teguise.es] immer wieder erholt. Als 1852 der Verwaltungssitz nach Arrecife verlegt wurde, verfiel die alte Metropole in einen Dornröschenschlaf. Das hat der edlen Schönheit gut getan: Straßen, Gassen und Häuserzeilen behielten ihren Charme, die kanarische Bauwut ist an Teguise vorbeigezogen.

Paläste und der kleine Timple

Auf dem Weg ins Zentrum sollte man einen der ältesten Paläste der Kanaren besuchen, den **Palacio Marqués de Herrera y Rojas** [Calle Herrera y Rojas 9, Tel. 928 84 57 73. Mo-Fr 12-20, So 10-15 Uhr. Eintritt frei]. Mit viel Ausdauer hat ein deutsches Ehepaar den Stadtpalast, dessen Grundmauern bis auf das 15. Jahrhundert zurückgehen, ausgebaut. Im vorderen Teil des Gebäudes verführt eine erlesene Weinhandlung zum Degustieren und Kauf feiner Tropfen, im schönen Patio ist ein Restaurant eingerichtet [So-Fr ab 12 Uhr]. Von der Calle Herrera biegt der Callejón de la Sangre ab, die „Blutgasse" hat ihren Namen von den mörderischen Piratenüberfällen. Sie endet auf der mit historischen Gebäuden eingerahmten Plaza de la Constitución, beherrscht von der **Pfarrkirche San Miguel** [Mo-Fr 10-13 Uhr]. Nach der auf ganz Lanzarote verehrten Madonna wird das Gotteshaus auch Iglesia Nuestra Señora de Guadalupe genannt. Die Mondsichelmadonna (sie ruht auf einem Halbmond) ist in der rechten Kapelle zu bewundern, eingehüllt in einen schwarzen Samtmantel und geschmückt mit einer Silberkrone.

Der Kirche gegenüber steht der äußerlich schlichte Palast Spínola, neuerdings umgewidmet zur **Casa Museo del Timple** [Plaza de la Constitución s/n, Tel. 928 84 51 81, www.casadeltimple.org. Mo-Fr. 9-16, So/feiertags 9.30-15 Uhr. € 3 pro

Piraten!

*Schlimme Zeiten erlebten die Einwohner von Teguise durch Übergriffe der Piraten. 1618 überfielen die Seeräuber **Solimán** und **Tabac** mit 5.000 Mann die Stadt, verbrannten Häuser, Felder und Kirchen und plünderten die Juwelen des **Convento de San Francisco**. Obendrein nahmen die Räuber etwa 900 Einwohner gefangen und verkauften sie als Sklaven in Europa. Auch in der Folgezeit nahmen die Angriffe nicht ab. Was die Einwohner mühsam aufgebaut hatten, legte die nächste Piratenattacke ebenso schnell wieder in Schutt und Asche. Viele Canarios suchten deshalb ihr Heil in der Flucht und wanderten nach Südamerika aus. Erst Ende des 17. Jahrhunderts kehrte Ruhe ein und der zaghafte Wiederaufbau begann erneut.*

Am Markttag erwacht die schöne Stadt Teguise zum Leben

Person (ab 12 J.)]. In den Gemächern der Feudalherren, mit vielen Originalmöbeln und einer historischen Küche, wurde dem **Timple**, dem kleinen kanarischen Zupfinstrument, ein Denkmal gesetzt. Begleitet wird der Timple von allerlei Kuriositäten, wie Klangkörper aus einer Zigarrenkiste und Zupfinstrumenten aus aller Welt. In zwei Innenhöfen stehen funktionierende Wasserfilteranlagen, die Bernegales (siehe Kasten S. 59). Am südöstlichen Ende der mit Palmen, Araukarien und zwei Löwen geschmückten Plaza de la Constitución steht auffallend, wenngleich auch etwas schwerfällig, ein einfaches Steingebäude mit einer wuchtigen, nagelbeschlagenen Holztür: die **Cilla de Diezmos** [Juni-Sep Mo-Fr 8.30-13.45, Okt-Mai Mo-Fr 8.30-14 Uhr. Eintritt frei]. In diesem Gebäude, einem früheren Zehnthaus, haben schon die Stadtgründer, die Béthencourts, zu Beginn des 15. Jahrhunderts für die Kirche ein Dreißigstel der Getreideernte eingefordert. Später wurde der Tribut auf den Zehnten erhöht. La Cilla stammt in ihrer heutigen Form aus dem 17. Jahrhundert. Stilgerecht werden hier auch heute noch Zinsen kassiert, die Cilla ist nämlich Sitz der Kanarischen Sparkasse!

Gut speisen in Teguise

__Acatife__, Calle San Miguel 4: Di-Sa ab 12 durchgehend, So 12-17 Uhr, Tapas, abends Inselspezialitäten, eines der ältesten Restaurants des Ortes, mit Kunstwerken eingerichtet.

__Bodega La Galería__, Calle Nueva 8: Di-So 10-22, Mo 10-17 Uhr, kanarische und spanische Tapas sowie Sandwiches, klein und gemütlich, mit Kunstgalerie und Jazzmusik.

Für den kanarischen Timple wurde in Teguise ein Palast umgebaut

Eine Burg gegen Piraten

Von fast allen Gassen der Stadt blickt man hinauf zum **Castillo de Santa Bárbara** [Ausgeschildert. Mo-Fr 9-15.30, So/feiertags 9.30-14.30 Uhr. € 3 pro Person (ab 12 J.)]. Vom luftigen Söller der Burg, die auch als Castillo de Guanapay bekannt ist, lässt sich die Anlage der alten Hauptstadt am eindrucksvollsten begreifen. Im Castillo selbst erinnert das **Museo de la Piratería** in einer etwas comichaften Ausstellung daran, dass die Insulaner bis ins 20. Jahrhundert gezwungen waren, ihr Glück in der Neuen Welt zu suchen – neben Hungersnöten auch aus Angst vor den Piratenüberfällen über mehrere Jahrhunderte hinweg. Abenteuerlich veranlagte Kinder haben sicher ihre Freude daran, den Seeräubern Francis Drake, Solimán und Tabac (siehe Kasten S. 74) zu begegnen.

Tour 9: Wandern zu Vulkanen, Calderas und Vulkanbomben

Parque Natural de los Volcanes: Caldera Blanca • Caldera Colorada • Montaña del Cuervo

Wo: rund um den Parque Nacional de Timanfaya – Wie: mit dem Tourbus und zu Fuß – Dauer: Halbtagestour – Nicht vergessen: festes Schuhwerk, Kopf- und Nackenschutz, Pflanzenbestimmungsbuch

Es ist eine Reise in die geologische Vergangenheit der Insel Lanzarote. Drei in ihrem Alter, ihrer Art und ihrer Entstehung völlig unterschiedliche Vulkane werden besucht. Die raue, streckenweise völlig pflanzenlose Landschaft ist abenteuerlich. Die Besteigung der Caldera Blanca, mit 458 m der größte Vulkanberg in der Montaña Caldereta, kann recht anstrengend werden und ist deshalb für Kinder erst ab Schulalter zu empfehlen. Die zwei anderen Lavaspucker werden dagegen kinderleicht bezwungen. Zwar sind die Vulkanberge frei zugänglich, doch ist eine geführte Tour sehr zu empfehlen. Nur so lassen sich die Feinheiten dieser Naturgewalten kennenlernen, von denen man sonst wohl nie erfahren würde. Angeboten wird die Reise zu den Vulkanen vom **Lanzarote Active Club** [Playa de las Cucharas 6, Costa Teguise, Tel. 928 59 04 07, mobil 650 81 90 69, info@lanzaroteactiveclub.com, www.lanzaroteactiveclub.es. € 35 pro Person (ab 7 J.), kleine Gruppen bis 8 Personen, in deutscher Sprache. Abholung der Gäste vom Hotel, Transfer zu den Vulkanen und kleines Picknick inkl.].

Der etwas beschwerliche Weg zu den Naturwundern der Insel lohnt sich

Moose und Algen fressen CO_2

Außerhalb der für Pflanzen unwirtlichen Vulkangegend des ***Timanfaya*** *werden die Felsen schon wieder von Flechten und Moosen überwuchert, vor allem in der Nähe der Vulkanbomben. Man nennt die Gewächse auch biologische Krusten. Seit Neuestem weiß man, dass die Flechten und Moose zusammen mit höheren Pflanzen, z. B. der Wasser speichernden Steppenmelde oder der fleischigen Traganum moquinii, die lebenswichtige „Haut der Erde“ bilden. Die unscheinbare Kruste bindet so viel Kohlendioxid, wie weltweit durch Verbrennung fossiler Energie freigesetzt wird. Schauen wir uns diese verletzliche Haut also in Zukunft etwas genauer an und schonen sie, so gut es geht.*

Die jungen Schwarzen und der weiße Alte

Mitten im schwarzen, steinernen Ozean, gestaltet durch die Vulkanausbrüche von 1730-36 und noch einmal 1824, steht ein fast weißer Koloss, die **Caldera Blanca**. Der Vulkanberg schaut herab auf die erstarrten schwarzen Lavafluten, auf die jungen Hüpfer, Vulkane, die erst knapp 300 Jahre alt sind. Der glatt geschliffene, helle Vulkan hat nämlich bereits 1,2 Millionen Jahre auf dem Buckel. Und schon bekommt die Wandergruppe ihre erste Lektion, auch für die jungen Teilnehmer von den Vulkanführerinnen Francesca und Carmen verständlich vorgetragen: „Junge“ Vulkane sind schwarz, helle wurden durch Erosion im Laufe der Jahrtausende weiß und glatt.
Eineinhalb Stunden dauert die erste Tour ab dem Parkplatz. Zunächst verläuft sie noch auf ebener Strecke und mit vielen inseltypischen Pflanzen, wie der Strauchdornlattich mit kleinen, gelben Blüten, die graugrüne Strauchige Gliedermelde und, etwas bizarrer, der warzige Traganum moquinii, der nur auf den Kanaren vorkommt. Wer ein Pflanzenbestimmungsbuch dabei hat, kann weitere Seltenheiten finden.
Dann geht es steil aufwärts, 150 Höhenmeter, die jungen Teilnehmer setzen sich wie Bergziegen an die Spitze der Gruppe. Die Langsameren sind anfangs noch aufmerksam und können so entdecken, dass die wenigen am Berg vorkommenden Blumen durch den ständigen Wind Zwergwuchs haben: Natternkopf, Affodill und Besenheide sind winzig klein. Auch fossile Erdwespennester hat der Wind aus dem Hang gehobelt. Sie sollen vor 8.000 Jahren der europäischen Eiszeit hierher entflohen sein. Auf den schrägen Platten freut man sich über gutes Profil auf den Sohlen, an Stellen mit Geröll werden manchmal auch die Hände zu Hilfe genommen.

Oben wartet Billy

Endlich ist der Kraterrand erreicht, der untere auf 392 m Höhe, und liefert einen atemberaubenden Blick in die Tiefe. Doch ehe die Begleiterinnen den Vulkan erklären können, zieht meist noch Billy seine Show ab. Nicht nur die jungen Teilnehmer sind begeistert von dieser

Wenn die Touris kommen, zieht Rabenkrähe Billy seine Show ab

Rabenkrähe (Corvus corone). Billy ist normalerweise sofort zur Stelle, wenn Wanderer kommen, er hat schließlich eine ganze Familie zu ernähren. Deshalb spießt er zunächst das angebotene Brot mit seinem kräftigen Schnabel auf, um es in weitem Flug in sein Versteck zu bringen. Erst wenn die Ernährung für die nächste Zeit gesichert ist, frisst der schwarze Geselle selbst ein paar Krumen. Die Show muss ein Ende haben, die Wanderer wollen nun die Erklärungen zum alten Vulkan hören. Francesca beginnt, Billy fliegt aufgeregt über die Köpfe, stellt sich beleidigt hinter die Gruppe und krächzt bei jedem Satz der Führerin dazwischen. In der Ferne meckern zudem noch ein paar Ziegen, die Eidechsen holen sich lautlos die Reste von Billys Frühstück.

Explosion ohne Lavafluss

Endlich können Francesca und Carmen die Entstehung des Caldera-Blanca-Kraters erklären: Vor 1,2 Millionen Jahren traf an dieser Stelle glühend heiße Magma mit kaltem Meeres- oder Grundwasser zusammen. Die dadurch entstehende sogenannte **Phreatomagmatische Explosion** schleuderte schlagartig mehrere Kubikkilometer große Massen aus Gestein und Dampf in die Atmosphäre, eine Säule von 4 km Höhe. Die unten gebliebene Magma kühlte ab und wurde sofort fest, es floss also keine Lava aus dem Krater. Die Stein- und Dampfsäule regnete ab, die festen Stoffe formten den heutigen Ring um die Explosionsstelle, die Wand des Kraters.

Explosion mit Lavafluss

Wie auch viele andere Vulkane entstand das nächste Ziel, die **Caldera Colorada**, durch einen **Effusiven Vulkanausbruch** (durch Erguss gebildet): Flüssige und halbflüssige Lava wurde durch immensen Druck aus den 1.000 bis 1.300 Grad Celsius heißen Magmakammern herausgepresst und in die Luft geschleudert.

Wo die Lavabomben stehen

Wer die Vulkanbomben noch einmal sehen oder später seinen Freunden zeigen möchte, findet sie so: Das Naturwunder ist von Mancha Blanca aus über die nach Süden führende LZ-56 (Richtung LZ-30) zu erreichen. 5 km nach dem Ort ist links vor einer Sperrkette ein Parkplatz auszumachen. Von dort aus sind es etwa zehn Minuten Fußmarsch bis zur roten ***Caldera Colorada****. Unterhalb des Vulkanbergs liegen mächtige, runde Basaltbrocken, der größte rund 7 m hoch.*

Die Magma konnte also nicht erkalten wie bei der Caldera Blanca, sondern wurde heiß hinaufgeschleudert. Lavamassen strömten bis in 10 km Höhe, formten riesige Kugeln, die bei der Abwärtsbewegung erkalteten und sich als gigantische Vulkanbomben in den Boden gruben. Diese Naturwunder sind die Sensation bei der Wanderung rund um die **Montaña Colorada**, heute noch an den Flanken rot vom hohen Eisengehalt. Die Explosion 1736 färbte den gegenüberliegenden Berg tiefschwarz, weshalb er **Montaña Negra** heißt. Wer genau hinschaut, sieht, dass die schwarze Schminke durch Erosion allmählich abgerieben wird.

Flechten knacken Lavasteine

Nach dem obligatorischen Erinnerungsfoto mit großem Stein und kleinen Menschen wird der Vulkan, der die Bomben ausspuckte, umrundet. Spannend und lehrreich sind die zehn Tafeln, auf denen die erstarrte Landschaft und ihre Geheimnisse erklärt werden. Die jungen Vulkanologen sind gepackt von der fremden Welt, eilen oft voraus, um die geschriebenen Erklärungen schon einmal zu speichern. Auf Tafel 4 wird das Wirken der Flechten, der ersten Lebensform auf der Erde erklärt. Nach den Ausbrüchen der Vulkane war ringsum jedes Leben erstarrt. Nun aber sitzen die Flechten auf den Lavabrocken und beginnen ihr Werk. Sie lösen die Oberfläche der Steine langsam auf, bereiten die Bodenbildung für höhere Pflanzen vor, ihre Samen (Diasporen) bleiben lange Zeit keimungsfähig und sie regenerieren schnell bei Beschädigung.

In Deckung! Diese Vulkanbomben fielen aus 10 km Höhe auf die Erde herab

Flechten, die Pioniere der Pflanzenwelt! Bei Tafel 5 werden Wünsche wach. Hier wird der Edelstein **Olivin** erklärt, der von der heißen Magma in 80 km Tiefe aus dem Erdmantel herausgeschmolzen wurde. Die Sammlerherzen schlagen höher, und tatsächlich: Immer wieder sind von Lava ummantelte Olivinknollen zu entdecken. Flinke Hände grapschen nach dem grünen Mineral. Doch dann ertönt die freundliche, aber bestimmte Stimme von Francesca: Im Nationalpark gibt es viele, viele Steine – und alle bleiben da, wo sie sind. Sammeln ist also verboten (siehe Kasten S. 81).

Ein heftiger Lavaspritzer

Jenseits der LZ-56 verspricht schon der gezackte Kraterrand der **Montaña del Cuervo** neue Einblicke in die Vulkanwelt. Sobald der Vulkan umrundet ist, öffnet er seine westliche Flanke, lädt zum Eintritt mitten in den vielfarbigen Krater ein. Unten angekommen, fühlen sich die Besucher der nahen Unterwelt wie in einer Kathedrale. Still werden die Innenwände des Vulkans betrachtet. Verteilt über den Krater und seine Ränder liegen gelbe Brocken, wie Lehm geknetet, tonnenschwer. Es handelt sich hierbei um die dritte Vulkanart, einen **Spritzkrater**. In der Tiefe des Vulkans kochte die Lava und blubberte vor sich hin. Doch zwischendurch brach ein Schwall heißer Luft durch die Oberfläche und spritzte einen Kübel voll Lava in die Gegend, wo sie erkaltete. Francesca ist Italienerin und erklärt den Vorgang

Überall finden sich die vom Spritzkrater verteilten Brocken

„wie bei kochender Polenta“. Nicht jeder kennt den Maisbrei, aber Grießbrei ist genauso: Passt man nicht auf, platzt eine Blase und spritzt Brei in die Küche. Blubb machte es also mal wieder und ein gelber Brocken landete oben am Eingang zum Krater. Dort liegt er noch heute. Angefüllt mit neuem Wissen geht es vom Spritzkrater zurück ins Hotel oder vielleicht noch zu einem Abstecher ins Besucherzentrum von Mancha Blanca.

Trost für junge Mineraliensammler

In Lanzarotes geschützten Landschaften ist es grundsätzlich verboten, Steine einzustecken. Wer aber trotzdem ein Stückchen vom „Stein der Hoffnung“ seiner Sammlung einverleiben möchte, muss nicht aufgeben. Kleine ***Olivinsplitter*** *sind beispielsweise am Kiesstrand von* ***El Golfo*** *(siehe S. 85) zu finden, auch an anderen Stränden im Westen. Größere Knöllchen, oft von Lava umschlossen, liegen am nördlichen Rand der* ***Salinas de Janubio*** *(siehe S. 83) zwischen dem Meerwasserkanal und der LZ-702 nach Los Hervideros. Dort und an anderen Stellen bieten fliegende Händler Schmuck aus Olivin an. Diese Steine stammen jedoch aus Südamerika, Lanzarote-Olivin lässt sich nicht schleifen, die Kristalle sind zu klein, das Mineral bröckelt.*

Der Krater des Cuervo öffnet sich, so dass man direkt hineingehen kann

Simulierter Vulkanausbruch

Sollte es bei der Vulkantour zwischendurch regnen, besucht die Gruppe das **Centro de Visitantes e Interpretación de Mancha Blanca** [LZ-67, etwa 2 km südlich von Mancha Blanca, Tel. 928 11 80 42, Fax 928 83 82 35, manchablanca.cmayot@gobiernodecanarias.org. Tägl. 9-16.30, Audiovision stündl. 9.30-15.30 Uhr. Eintritt frei]. Auch wer die Feuerberge (siehe S. 100) im Programm hat oder eine Rundreise durch das erstarrte Inferno plant, darf das Besucherzentrum nicht verpassen. Für Kinder ist der simulierte Vulkanausbruch ein besonderes Erlebnis. Wer schreckhaft ist, sollte allerdings draußen bleiben und sich mit dem durch das Gebäude tönenden Donnern begnügen. Schautafeln, Videos und Tonbandvorträge vermitteln Wissenswertes rund um den Vulkanismus. Das Zentrum bietet auch kostenlose Wanderungen durch die Lavalandschaft mit Führung in spanischer und englischer Sprache für Gruppen bis zu sieben Personen an [Voranmeldung und Terminabsprache etwa 3 Tage vorher. Tel. s. o. Mo-Fr 9-14.30 Uhr].

Tour 10: Wo Lava und Gischt sich streiten

Femés • El Rubicón • Las Salinas de Janubio • Los Hervideros • El Golfo • Yaiza • Uga • Playa Quemada

Wo: im Südwesten Lanzarotes – Wie: mit dem Auto und zu Fuß – Dauer: Tagesausflug – Nicht vergessen: Zeichenblock und Aquarellfarben, Windjacke, Badesachen

Vom Örtchen Femés, dem Balkon der Rubicón-Ebene, ist im Süden die historische Landschaft bis zu den Papagayo-Stränden zu erfassen. Dann geht es weiter, vorbei an den Salinen, in die wilde Lavalandschaft Los Hervideros, wo die Wellen auf die Felsen prallen, und zum grünen El-Golfo-See. Einen längeren Aufenthalt gibt es im hübschen, weiß strahlenden Dörfchen Yaiza, in Uga begegnen Sie Dromedaren, die am Timanfaya-Nationalpark zu einem Ritt einladen. Zum Abschluss wäre noch eine Erfrischung an der schwarzen Playa Quemada empfehlenswert.

Der Balkon des Rubicón

Von Playa Blanca aus gesehen zieht sich rechts das Bergmassiv **Los Ajaches** mit dem Ajache Grande (560 m) vorbei an Femés bis zu den Playas de Papagayo hinab. Das kleine Bergdorf **Femés** liegt in 361 m Höhe und ist von Playa Blanca aus über die LZ-705 zu erreichen. Es hat eine interessante Geschichte: Ab 1402 besiedelten Jean de Béthencourt und seine normannischen Krieger mit

Ein Ausritt auf Dromedaren kann mit der ganzen Familie unternommen werden

Erlaubnis des Guanchenkönigs Guardafía die Ebene El Rubicón nördlich der Papagayo-Strände. Sie bauten den heute nicht mehr existierenden Ort **El Rubicón** mit Wehrturm und der ersten kanarischen Kapelle, die 1404 zur Kathedrale erhoben wurde. Sie war San Marcial geweiht, erster Bischof und Schutzpatron Lanzarotes und besonders der Fischer. Durch mehrere Piratenüberfälle im 16. Jahrhundert wurden Ort und Kirche zerstört. Ein Holzkreuz markiert die Stelle, an der die Kapelle gestanden haben soll (siehe Kasten S. 28). Die Lanzaroteños wählten daraufhin in der Höhe einen sichereren Ort. 1733 wurde die **Ermita de San Marcial** [Femés, Ortsmitte, selten geöffnet] geweiht, rundum wuchs der Ort Femés

Die Playa de Janubio besteht aus Lava und ist deshalb ganz schwarz

heran. Interessant sind an den Wänden der Wallfahrtskirche mehrere Bootsmodelle, Votivgaben der aus Seenot geretteten Fischer. Am 7. Juli wird zu Ehren des Heiligen ein mehrere Tage dauerndes Fest mit Prozession, Buden und Folklore abgehalten (siehe S. 117).

Echadero de los Camellos

*Wer Lust hat, kann sich am Rand der Feuerberge auf einem Dromedarsessel vorbeischaukeln lassen. Die **Dromedare** stehen von Yaiza kommend an der LZ-67 Richtung Nationalpark Timanfaya (etwa 4 km). Der Ritt dauert ungefähr 20 Minuten (€ 12 pro Person (ab 6 J.)). Während der Wartezeit lohnt sich ein Besuch des benachbarten Museums **Echadero de los Camellos** (Mo-Fr 9-15 Uhr. Eintritt frei). Es informiert außer über die geologischen Besonderheiten der Feuerberge auch über die traditionelle Landwirtschaft Lanzarotes, dazu gehört u. a. die Nutzung der Dromedare.*

Schwarze Schönheit und Weißes Gold

Nordwestlich von Femés beginnen die landschaftlichen Höhepunkte Schlag auf Schlag. Auf der LZ-703 geht es über Las Breñas in das **Janubio-Gebiet**. Links führt dann die LZ-701 zu einer schwarzen Schönheit, zur **Playa de Janubio**. Der Strand mit seinem tiefschwarzen, aus Lava bestehenden Sand sollte aber wegen der stürmischen Wellen nur mit dem Auge genossen werden, vom Baden wird abgeraten. Der durch die Gischt an der Südwestküste sichtbare helle Betonklotz ist die **Meerwasserentsalzungsanlage** für Playa Blanca. An diesem Strand bestechen Einsamkeit und die wilde Natur. Nördlich liegen die **Salinas de Janubio**, eine rund 2 qkm große Salinenland-

Ganz frisch kann das Salz der Salinas de Janubio auch vor Ort gekauft werden

schaft mit verfallenen Windmühlen. Doch die Becken wurden restauriert, die Produktion des mineralienreichen Meersalzes ist in vollem Gange und liefert 200 Tonnen pro Jahr. Abgesehen von einem Spaziergang vorbei an den Verdampfungsbecken und den zu kleinen Hügelchen angehäuften, weißen Salzkristallen, lohnt es sich, etwas Janubio-Salz mitzunehmen (siehe Kasten).

Auf zum Hexenkessel

Den brodelnden, tosenden Hexenkessel erreicht man auf der Fahrt von den Salinas del Janubio zum El Golfo direkt über die Uferstraße LZ-703 (deutliche Hinweise). In der zerklüfteten Lavaküste haben sich Grotten, Höhlen und Fjorde gebildet, die heranbrausenden Wellen des Atlantik schlagen am Fels Purzelbaum, rauschen durch die Schluchten und schießen mit spritzenden Fontänen aus den nach oben offenen Grotten. Vor allem im Winter bieten **Los Hervideros** („die Brodelnden") ein unvergessenes Naturschauspiel. Ein besonderes Erlebnis für die wagemutigen Mitglieder der Familie ist es, die wilde Szene hautnah zu erleben. Im Scheitelpunkt des Fjordes haben sich natürliche Lavabrücken

Würze für die Küche

*Eine gute Idee ist es, ein Kilosäckchen mit **Janubio-Salz** für die eigene Küche oder als Mitbringsel für Daheimgebliebene zu erwerben. Direkt bei den Salinen ist das „Weiße Gold" preiswerter als in den Lebensmittelgeschäften der Insel. **Almacén de la Sal de las Salinas**, Calle El Golfo s/n, www.salinasdejanubio.com. Mo-Fr 7-15 Uhr. 1 kg kostet hier € 0,50, in Geschäften € 1, es gibt auch Großgebinde bis zu 20 kg.*

Nicht nur Fisch und Muscheln

Restaurants am Meer bieten natürlich vorwiegend Fisch. Um der Antifischfraktion zu begegnen, hier zwei Restaurants in ***El Golfo****, welche Fleisch- und Reisgerichte anbieten. Und nebenbei: Seezunge schmeckt vielen Kindern.*

Bogavante*, Avenida Marítima 27: Di-So tägl. 11-21 Uhr, Fisch- und Fleischgerichte, mit Terrasse am Meer.*

El Golfo*, Avenida El Golfo s/n, am östlichen Ortsausgang: tägl. ab 11 Uhr, Fisch und Fleisch, auch Paella und Reisgerichte (arrozes), großes Terrassen-Restaurant.*

gebildet, teilweise durch Geländer abgesichert. Eine prickelnde Dusche sprüht über die Abenteurer – die Kamera besser unter der Windjacke verstecken.

Ein halber, grüner Krater

Weiter geht die Straße nach Norden, mitten durch unwirtliches Malpaís (schlechtes Land), Lavalandschaft pur, nur ein paar Flechten zeigen, dass der Eroberungsprozess durch die Pflanzenwelt begonnen hat. Eine steile Straße neigt sich zur Küste und führt zu einem großen Parkplatz. Noch ein paar Schritte, dann öffnet sich die Landschaft mit einem geologischen Kleinod: Vor uns liegt der Vulkankrater **El Golfo** mit dem grünen **Charco de los Clicos** (charco: Tümpel, Pfütze; clicos: essbare Meeresfrüchte, die es früher hier gab). Weil grün, hat sich auch der neue Name Lago Verde eingebürgert. Im Jahr 1793 hatte sich hier nach einem Vulkanausbruch ein Krater gebildet. Auf der Seeseite konnte sich die Kraterwand nicht gegen die Kraft der unaufhörlichen Wellen wehren, nur bergwärts ist die halbkreisförmige Calderawand übrig geblieben. So füllte sich der Halbkrater mit Wasser, welches durch Algen smaragdgrün gefärbt wird. Im Norden der abgebrochenen Caldera – die LZ-703 führt rund um die Montaña del Golfo (152 m) aus Lava, Basalt und Tuff – erreichen Sie den kleinen Fischerort **El Golfo**. Am Rande des Ortes geht ebenfalls ein Weg links ab zur grünen Lagune.

Yaiza: Phoenix aus der Asche

Yaiza ist der durch die Ausbrüche der Feuerberge (1730-1736) verbrannte Phoenix, der zu einer Bilderbuchschönheit auferstanden ist. Ein Bummel durch den malerischen Ort wird zum Vergnügen: kein vergammeltes Gebäude, kein bröckelnder Putz, alle Häuser werden jedes Jahr neu gestrichen und leuchten stets weiß, die Fenster und Türen setzen mit ihrem Grün und Blau bunte Farbtupfer – inseltypische Architektur im Sinne von César Manrique. Und als wollten sie ihre stille Zufriedenheit demonstrieren, so sitzen Yaizas Männer neben der Kirche auf der **Plaza de los Remedios**, halten ein Schwätzchen und schauen neugierig auf alle, die vorüberschlendern. Das Interesse der Fremden indessen konzentriert sich auf die 1997 renovierte Kirche **Nuestra Señora de los Remedios** [Außer mittags fast immer geöffnet]. Sehenswert ist die in Rot, Blau und

Gelb bemalte Decke im Mudéjarstil (Mudéjares waren spanische Muslime, die nach der Rückeroberung Spaniens nicht vertrieben wurden und sich dem Handwerk widmeten). Außerdem die Hochaltarwand mit der „Jungfrau und den vierzehn Nothelfern" in der Hauptnische, in wertvolles Brokat gekleidet und wie das Jesuskind in ihren Armen mit einer schweren Silberkrone geschmückt. Draußen markiert das andere Ende des mit Palmen und Araukarien bestandenen Platzes das Geburtshaus des Politikers und Literaten Don Benito Pérez Armas (1871-1937), die im kanarisch-andalusischen Stil erbaute **Casa de la Cultura** [Mo-Fr 9-13 u. 17-19 Uhr. Eintritt frei]. Achtung, Freunde schöner Architektur! Das maurisch anmutende Ensemble bildet mit seinen roten Dächern einen deutlichen Kontrast zu den weißen Gebäuden des Dorfes. Yaizas Kulturzentrum stellt seine Räume einheimischen Künstlern für Ausstellungen zur Verfügung.
Die Straße abwärts Richtung Playa Blanca empfiehlt sich ein Besuch der in einem der hübschesten Bauernhäuser untergebrachten **Galería Yaiza** [Calle Cuesta de los Molinos 14, Ortsausgang, Tel. 928 83 04 83. Mo-Sa 17-19 Uhr. Eintritt frei.]. Sie ist eine Gründung des deutschen Künstlers Wilfried Leitz (gest. 1998), auf Lanzarote unter dem Künstlernamen Veno bekannt. Seine Frau Friedel und Sohn Jochen verwalten das Vermächtnis des Impressionisten und setzen auch die Unterstützung junger Talente der Insel fort, darunter Pedro Tayó aus dem benachbarten Uga mit naiven Bildern von besonders starkem Ausdruck.

Die Dromedare dürfen sich nur am Rande der Feuerberge bewegen

Zu den Kameltreibern von Uga

Auf der LZ-2 ostwärts kommen Sie schnell nach **Uga**, dem Dorf der Kameltreiber. Unschwer ist am rot-weißen Warndreieck mit einem Dromedar in seiner Mitte zu erkennen, dass die Wüstenschiffe Vorfahrt vor Autos und Motorrädern haben. Morgens kann man die Karawane Richtung Feuerberge ziehen sehen, wo sie auf reitlustige Urlauber warten, abends um 17 Uhr schaukeln sie wieder zurück. Fotofreaks aufgepasst: In der Umgebung des nordafrikanisch anmutenden Ortes grasen weitere Dromedare, denn die stolzen Paarhufer werden hier gezüchtet.
Sollte noch Zeit sein und Lust auf romantisch-wilde Landschaft herrschen, bietet sich der Ferienort **Playa Quemada** mit seiner schwarzen **Playa de la Arena** an. Etwa 3 km östlich von Uga zweigt die LZ-706 von der Hauptstraße LZ-2 nach Süden ab. Am Wochenende ist der wilde, vorwiegend steinige Strand von Einheimischen belegt, aber werktags kann sich die Familie hier in Ruhe von den Strapazen des Ausflugs erholen, die Füße ins Wasser hängen und den Tag noch einmal Revue passieren lassen.

DIE TOLLSTEN ATTRAKTIONEN FÜR KINDER

Heitere Umrundung der Lobos-Insel

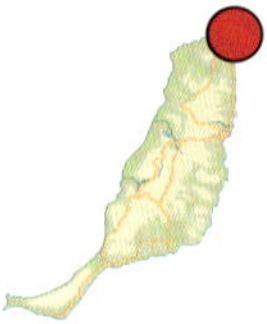

Wer sich im Nordosten von Fuerteventura aufhält, wird immer wieder von einem Corralejo gegenüberliegenden Inselchen neugierig gemacht: die **Isla de los Lobos**, benannt nach den Mönchsrobben (Lobos marineros), die es hier vor der Jagdfreigabe gab. Heute kommen statt der Robbenjäger friedliche Touristen mit Booten aus Corralejo auf das Eiland. Familien mit kleinen Kindern wenden sich gleich nach der Ankunft am Ende der Mole nach links, um nach 1,5 km die Sandbucht **La Caleta** (Playa de la Concha) aufzusuchen. Der halbmondförmige Strand ist seicht, ohne Wellen, also sehr für die Kleinen und Schnorchler geeignet.
Mit größeren Kindern ist es sicher abenteuerlicher, zuerst die Insel zu umrunden (etwa 8 km). Unterwegs gibt es viele Lagunen und kleine, weiße Fjorde für eine kurze Erfrischung. Junge und alte Botaniker erfreuen sich an den heimischen Pflanzen zwischen den schwarzen Lavafelsen: knubbelige Halophyten (Salzpflanzen), rosa blühender Strandflieder und Wolfsmilchgewächse. Im Lavafeld fallen kleine Hornitos (Öfchen) auf, Minivulkankegel, die entstanden, als Gasblasen die noch flüssige Magma nach oben drückten, wo sie zu bizarren Formen erstarrten. Ein verlassenes Agavenfeld erinnert an die Zeit, als Fischer die Fasern der Pflanze für ihre Seile verwendeten. Am nördlichsten Punkt taucht ein Leuchtturm auf, der heute

Großer Fisch auf kleiner Insel

Picknick oder Grillfisch, das ist die Entscheidung auf Lobos. Wer mittags leckeren Fisch vom Grill im einfachen Restaurant ***Isla de Lobos/Casa Antonio*** *neben der Anlegestelle haben möchte, muss gleich nach der Ankunft vorbestellen. Wer dies verpasst, hat oft das Nachsehen, denn das Mittagsmahl gibt es nur, solange der Vorrat reicht. Wer die Insel umrundet und essen will, sollte auf Leuchtturm und Caldera-Aufstieg verzichten, dann dauert die Tour runde zwei Stunden.*

Eine Rundtour der Insel Lobos offenbart abenteuerliches Gelände

noch Dienst tut. Um ihn für die Wartung sicher zu erreichen, wurde eine breite Piste angelegt, die die Wanderer zur **Montaña de Lobos** (127 m) bringt, den Vulkan, der die Insel ausspuckte, weshalb er auch „Vater von Lobos" genannt wird. Falls Puste und Zeit reichen, lässt sich die **Caldera**, der eingebrochene Vulkankegel, besteigen. Zeitmangel gibt es, wenn die Wandergruppe das Mittagessen bestellt hat (siehe Kasten). Dann hasten alle am Caleta-Strand vorbei, wo die anderen Bootsgäste bereits ihr Picknick ausgepackt haben. Weitere Infos unter www.fuerteventura.com/lobos.

Anfahrt: *Abfahrt vom Hafen Corralejo.* ***El Majorero****, mobil 619 30 79 49, oder* ***Barco Isla de Lobos****, mobil 699 68 72 94, www.islalobos.es. Fünf Fahrten: erste Hinfahrt 10, Rückfahrt 16 oder 17 Uhr (dort erkundigen). Rückfahrticket: Erw. € 15, Kinder (5-12 J.) € 7,50.*

Rutschen und spritzen im Baku-Wasserpark

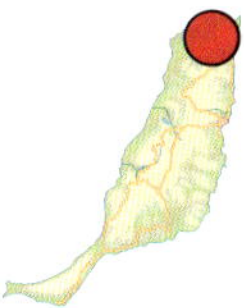

Bei dem relativ hohen Eintrittspreis sollte ein ganzer Tag für den Wasserpark in Corralejo eingeplant werden. Langweilig wird es bestimmt nicht, weder für Kinder noch für Erwachsene. Alle Arten von Rutschen garantieren Tempo und Spritzvergnügen, es gibt Jacuzzis, ein Solarium und ein Wellenbad. Für Kinder gibt es ein spezielles Areal mit Pool und Spielplatz, außerdem Minigolf und ausreichend Versorgung für Hunger und Durst. Ein Lifeguard überwacht das Geschehen. Montags und freitags findet von 9 bis 14 Uhr im Baku-Areal auf einem Platz fernab der Rutschen ein Kunsthandwerksmarkt statt, dort freier Eintritt.

Baku-Wasserpark: *Avenida Nuestra Señora del Carmen 41, Corralejo, Tel. 928 86 72 27, www.bakufuerteventura.com. Dez-Mitte Mai geschl., Mitte Juni-Mitte Sep tägl. 10-18, sonst Fr-Di 10-17 Uhr. Erw. € 20, Kinder (4-12 J.) € 14.*
Anfahrt: *FV-1 nach Corralejo, dann Av. Grandes Playas bis Av. N. S. del Carmen, ausgeschildert. Bushaltestelle am Ende der Av. Grandes Playas.*

Die gezähmten Wellen der Aquaparks lassen sich gefahrlos genießen

Mit Grubenlampe im vulkanischen Dunkel

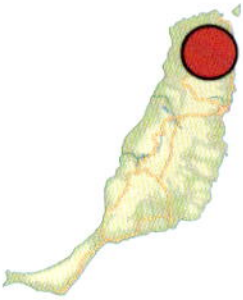

„Helm auf, Licht an", heißt es im Dunkel der Lavahöhle, der **Cueva del Llano**. Weil die Vulkanhöhle in einer Ebene (llano) liegt, wurde sie erst spät entdeckt. Schließlich war weit und breit kein sich über die Landschaft erhebender Vulkanberg. Da er in der Tiefe versteckt war, bildete sich dort ein Bachlauf, der viele Erosionen und Ablagerungen mit sich brachte. Dadurch konnten manche Fossilien von ausgestorbenen Wirbeltieren geborgen werden, die nun oben im dazugehörigen Museum zu sehen sind, z. B. die Kanarische Wachtel oder die Lavamaus. An Tieren überlebt haben in der totalen Dunkelheit nur Insekten und Spinnen, nur sie waren in der Lage, sich anzupassen. Darunter die Milbe Maiorerus randoi, ein Spinnentier, das es nur in dieser

Tiere streicheln im Bauernhof

Wer keine Lust hat, in die Tiefe zu steigen, und lieber Tiere streicheln möchte, kann in ***Villaverde*** *das Bauernmuseum* ***La Rosita*** *besuchen und dort auf die Höhlenmenschen warten. Im dazugehörigen restaurierten Landgut gibt es Hühner, Ziegen, Schafe, Puter, Tauben und Dromedare sowie einen Laden mit Marmelade, Ziegenkäse und Palmsirup. Interessant sind auch die historischen Fotos und die bäuerlichen Gerätschaften sowie die endemische Pflanzenwelt der Insel. Im großen Hof stehen prächtige Dromedare, auf denen man auch reiten kann.* ***Casa Museo La Rosita****, Calle del Centro 141, Ortseingang von La Oliva kommend, Tel. 928 17 53 25, mobil 630 50 45 57. Mo-Fr 10-18, Sa 10-15 Uhr. € 5 pro Person (ab 12 J.), Kamelritt € 11.*

Mit Helm und Lampe starten Führungen durch die Cueva del Llano

Höhle gibt, fast farblos und mit in dieser Tiefe nutzlosen, verkümmerten Augen. Nach diesem Relikt suchen natürlich alle Besucher auf der fast einstündigen Tour mit großem Eifer, doch nur selten gelingt eine Entdeckung. Dafür entdeckt man häufiger das „Wappentier" der Höhle, eine endemische Spinne mit zerbrechlich erscheinenden, sehr feinen Beinen, deren Tastsinn dadurch überdurchschnittlich gut ausgeprägt ist. Doch auch ohne Spinnentiere ist der Aufenthalt ein prickelndes Erlebnis. Fällt das Licht der Grubenlampe auf Lehmspuren an den Seitenwänden, so sind das Hochwassermarken der letzten Wassereinbrüche.

Uriger geht's nicht

Wer von La Atalayita (siehe unten) zum schwarzen Pozo-Negro-Strand fährt, sollte dort nach dem Bad eines der urigen Strandrestaurants aufsuchen. Im ***Los Caracoles*** *bereitet Mama María schmackhafte Fleisch- und Fischgerichte, Meeresfrüchte und Paella zu. Ein paar Schritte weiter gibt es Fischgerichte im* ***Los Pescadores*** *mit Bar und Terrasse. Abends kann man hier bis 22 Uhr sitzen bleiben.*

Cueva del Llano: *Villaverde, Tel. 928 17 59 28. Di-Sa 10-18 Uhr, Führungen halbstündlich. € 5 pro Person (ab 15 J.) .*
Anfahrt: *3 km nordöstlich von La Oliva an der FV-101, vom Casa Museo La Rosita Richtung Ortsmitte, nach 300 m rechts, dort ausgeschildert.*

So wohnten die Ureinwohner im Lavafeld

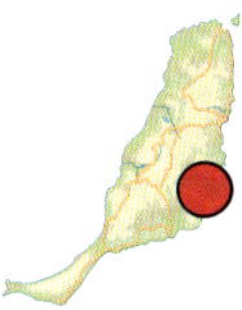

Auf dem Weg zum schwarzen Kiesstrand von **Pozo Negro** (siehe S. 48) – fernab des Touristenrummels ist er bei den Einheimischen sehr beliebt – kommen Sie an der ehemaligen Guanchensiedlung **La Atalayita** vorbei, wo Spuren der Altkanarier zu entdecken sind. Das schwarze, unwirtliche Lavaschollengebiet steht unter Naturschutz. Halb im Erdboden versteckt, steht ein **Informationszentrum** am Rande des historischen Denkmals und informiert über Fauna, Flora und Geschichte der Ureinwohner. Neugierige Besucher entdecken bei einem Rundgang Wohnkomplexe, Ziegenpferche, Mauern und Lagerräume. Geschickt nutzten die Ureinwohner die losen Lavabrocken, bauten ohne Mörtel Mauern und Pferche sowie Wohn- und Lagerräume. Natürliche Lavagrotten wurden ebenfalls zum Wohnen und zum Lagern von Lebensmitteln genutzt. Wer besonders aufmerksam ist, findet vor den Häuser-

Die authentische Siedlung La Atalayita gewährt Einblicke in die Guanchenzeit

gruppen sogenannte **Concheras**, das sind Haufen mit Schalen von Muscheln und Napfschnecken, Überbleibsel eines wichtigen Nahrungsmittels der Altkanarier. Einen Plan für den Rundgang gibt es bei der Information der Guanchensiedlung auch auf Deutsch. Wenn geschlossen ist, liegen die Broschüren manchmal einfach vor dem Fenster.

Poblado de la Atalayita: *2,5 km vor Pozo Negro. Infozentrum Di-Sa 10-18 Uhr, die Anlage selbst ist immer zugänglich. Eintritt frei.*
Anfahrt: *auf der FV-2 von Jandía Playa nach 48 km rechts ab auf eine Nebenstraße Richtung Pozo Negro, von Corralejo auf der FV-1 rund 70 km nach Süden, dann links ab Richtung Pozo Negro, nach etwa 3 km rechts Hinweis zum Poblado, Piste in das Lavaschollengebiet, Parkplatz.*

Das Salz aus dem Meer

An der Küste liegt auf hohen Stelzen ein 20 m langes ***Walskelett****. Vor dem Knochengerüst breiten sich die Salinas del Carmen (siehe S. 49) aus. Dort kann der Weg des Meerwassers bis zu den Gräben, in denen es verdunstet, verfolgt werden. Salzarbeiter holen das Gut mit Schaufeln heraus, damit es am Rand abtropft. Im Museum gibt es Filme und Anschauungsmaterial.* ***Salinas del Carmen****, 3 km südlich von Caleta de Fuste an der FV-2, Tel. 928 17 49 26, www.salinasdecanarias.com. Di-Fr u. So 9.30-17.30 Uhr. € 5 pro Person (ab 12 J.).*

Zu Papageien, Affen und Giraffen

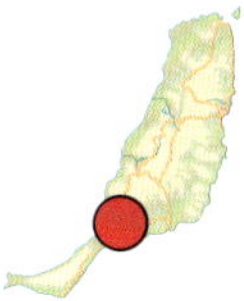

Eltern oder Großeltern sollten sich darauf einstellen: Hier wollen die Kinder auch nach Stunden noch nicht gehen. Es ist einfach zu aufregend, die gesamte exotische Tierwelt im **Oasis Park** zu erleben. Hier lausen sich die Affen, kleine Giraffen suchen das Euter ihrer hohen Mütter, Kängurus machen große Sprünge, bei den Stachelschweinen sträuben sich die Borsten und die Lisztäffchen kontrollieren im Spiegel, ob sie wirklich so lustig aussehen wie der große ungarische Komponist. Shows gibt es reihum den ganzen Tag, ob artistische Seelöwen, gelehrige Papageien oder gähnende Reptilien, sie alle begeistern die Kinder. Extra für die Kleinen wurden die ersten drei Reihen reserviert. Bei der Greifvögelvorführung müssen alle aufpassen. Es darf nicht gegessen und getrunken werden, damit keiner der Greifvögel in Versuchung gerät, einen Bissen zu erhaschen. Und: Immer brav sitzen bleiben, die Vögel kommen im Tiefflug! Ein besonderes Erlebnis ist der Ritt auf einem der 250 Dromedare während der Kamelsafari. Im Botanischen Garten sind Kakteen, Sukkulenten (Dickblattgewächse) und alle Wolfsmilcharten der Kanaren zu bewundern, für die Pausen gibt es drei Restaurants. Der ganze Park wird von Bächen durchzogen, deren Wasser aus einer angezapften Vulkankammer der nahen Berge kommt und über eine Galería (Wasserleitung) direkt in die Oase geleitet wird.

Oasis Park: *Carretera General de Jandía s/n (FV-2), bei La Lajita, Tel. 902 40 04 34, www.fuerteventura oasispark.com. Tägl. 9.30-18 Uhr. Erw € 18, Kinder (3-11 J.) € 10.*
Anfahrt: *über die FV-2 Richtung La Lajita, gut ausgeschildert, Gratisbus ab Jandía Playa, Esquinzo, Costa Calma, Caleta de Fuste und Corralejo (Fahrplan auf der Website des Parks).*

Auch das Weißschwanzgnu hat im Oasis Park ein Zuhause gefunden

Zu Vögeln, Reptilien und Fischen

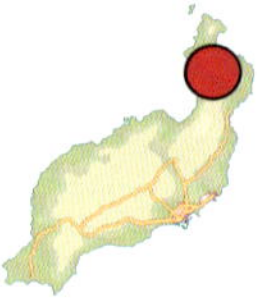

Ein schöner Familienausflug führt in den Norden, mitten hinein in die Gartenanlage des **Tropical Park** mit Wasserfällen und mehr als 1.300 exotischen Vögeln, Fischen und Reptilien. Eine besondere Attraktion ist die lustige Fütterung der Pinguine (Fr-Mi 12 und 16 Uhr) und die Papageien bringen die Augen der Zuschauer zum Leuchten. Spaß macht auch der Besuch der Aufzuchtstationen, wo sich Jungtiere beobachten lassen. Außerhalb der Volieren tummeln sich manch ulkige Tiere, deren Aussehen zum Lachen reizt: Capybaras, das sind Wasserschweine und die größten Nagetiere der Welt; Nasenbären, der Name sagt es schon; Wallabys aus der Familie der hüpfenden Kängurus; lustige Meerkatzen mit den Maskengesichtern und Lemuren mit langem, schwarz-weiß geringeltem Schwanz. Erholung vom vielen Gucken bietet ein Kinderspielplatz.

Eifrig schnattern die bunten Vögel im Tropical Park vor sich hin

Eine Seefahrt, die ist lustig

Seetüchtig müsst ihr sein, denn das Meer ist windig. Mit dem Boot geht es zur nördlich gelegenen Insel ***Alegranza****. Ein Fernglas gehört unbedingt zur Ausrüstung, denn dort nisten Gelbschnabeltaucher und Seeadler. Wenn das Meer ruhig ist, fährt das Boot in eine Grotte mit Himmelsloch. Auf der Rückfahrt ist Stopp an der* ***Playa Francesa*** *auf* ***La Graciosa****, Zeit für einen Sprung ins Wasser, dann geht es zu Fuß oder mit dem Kanu – als Teil der Tour wird die Handhabung der Paddel im Schnellkurs gelehrt – nach* ***Caleta del Sebo****. Da gibt es für die hungrigen Seefahrer ein deftiges Essen.* ***Lanzarote Active Club****, Playa de las Cucharas 6, Costa Teguise, Tel. 928 59 04 07, www.lanzarote-activeclub.es. Inkl. Essen Erw. € 65, Kinder (2-12 J.) € 45.*

Guinate Tropical Park: *nach dem Mirador de Guinate, Tel. 928 83 55 00, www.guinatepark.com. Tägl. 10-17 Uhr. Erw. € 14, Kinder (4-13 J.) € 6.* ***Anfahrt:*** *von Teguise über die LZ-10 nach Haría, dann auf der LZ-201 nordwärts bis Guinate, Park ist ausgeschildert.*

Die Säulengänge der Cueva ermöglichen tiefe Einblicke in das Höhlensystem

Jameos del Agua und Cueva de los Verdes

Nördlich von Arrieta hat der Künstler, Architekt und Naturschützer César Manrique zwei benachbarte Lavaröhren (siehe auch S. 65) für Besucher hergerichtet. Das Höhlenabenteuer ist vor allem für die Jüngeren ein unvergessliches Erlebnis. In den **Jameos del Agua** sind zwei nach oben offene Grotten (jameos) durch einen natürlichen Tunnel mit einem unterirdischen See verbunden. In ihm leben blinde Albinokrebse (Munidopsis polymorpha), die vor Jahrtausenden durch ein Seebeben aus der Tiefsee hochgespült wurden. Die **Cueva de los Verdes** ist ein etwa 2 km langes, ursprüngliches Höhlensystem mit Gängen, Vulkanröhren und Grotten. Die übereinander liegenden Säulengänge, weit verstreuten Vulkanbrocken und dicken Lavatropfen, die von der Decke herabhängen, können im Zuge einer Führung besichtigt werden. Am Schluss der Tour folgt eine Überraschung, die nicht verraten wird ... Neugierig geworden? Hingehen!

Jameos del Agua: *Tel. 928 84 80 24, www.lanzarote.com. Tägl. 10-18.30 Uhr. € 8 pro Person (ab 12 J.).*
Cueva de los Verdes: *Tel. 928 84 84 84, www.lanzarote.com. Tägl. 10-18 Uhr, letzter Einlass 17 Uhr, Dauer der Führung etwa 40 Min., Beginn zu jeder vollen Stunde, spärliche deutsche Übersetzung. € 8 pro Person (ab 12 J.).*
Anfahrt: *Ab Arrecife über die LZ-1 bis Arrieta, außerorts an der Abzweigung der LZ-1 nach rechts folgen (4 km), gut ausgeschildert, rechts der Straße liegen die Jameos del Agua, links die Cueva de los Verdes.*

Wie entstanden die Vulkanröhren?

*Vor etwa 5.000 Jahren spuckte der Vulkan **Monte de la Corona** (südlich des Ortes Ye) glühende Lavamassen in den Ozean. Die oberen Schichten des Lavaflusses erkalteten rasch, die heiße Masse im Inneren floss weiter, bis der Ausbruch endete und sich die Röhren leerten. Die 7 km lange Höhle reicht bis unter die Meeresoberfläche an der Küste.*

Besuch bei stacheligen Freunden

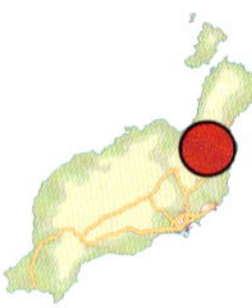

Als der Künstler César Manrique inmitten der Opuntienplantagen einen Steinbruch entdeckte, sah er sofort im Geiste einen imposanten Kaktusgarten vor sich. Der **Jardín de Cactus** ist bis heute Anziehungspunkt für Freunde der stacheligen Pflanze. Mehr als 10.000 Kakteen gedeihen im großen Garten (jardín) links und rechts der Wege auf vulkanischen Lapilli, den körnigen Lavakieseln. Höhepunkt sind die bunten Blüten, die fast das ganze Jahr aus den Kugeln und Ohren schießen. Über dem Kaktusgarten bewegen sich die Flügel einer restaurierten Gofiomühle. Für zwischendurch bietet sich ein Restaurant mit Bar an.

Jardín de Cactus: *am Ende von Guatiza, Richtung Mala, Tel. 928 52 93 97, www.lanzarote.com. Tägl. 10-18, letzter Eintritt 17.45 Uhr. Erw. € 5, Kinder (7-12 J.) € 2,50, inkl. ein Getränk.*
Anfahrt: *von Arrecife auf der LZ-1 über Tahiche bis Guatiza (15 km).*

Zur Blütezeit werden die stacheligen Kugeln von bunten Blumen übersät

Bei Glotzbarschen und grinsenden Muränen

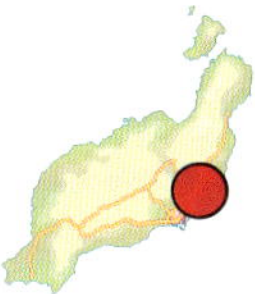

Kinder sehen die Schwarzgrundel wahrscheinlich zuerst. Auf Augenhöhe setzt diese sich nach kurzen Schwimmstößen auffallend schnell auf einen Felsen. Bei genauem Hinschauen sieht man, wie sie an der Brust eine Art Flosse ausfährt, um den Vorgang zu unterstützen. Denn die fast schwarzen Fische haben keine Schwimmblase und müssen sitzend auf Nahrung lauern. Dazu sind ihre Bauch- und Brustflossen zu einer trichterförmigen Saugscheibe zusammengewachsen. Immer wieder wollen die kleinen Entdecker das Landemanöver sehen. Dabei warten doch noch andere seltsame Unterwassertiere: ein Seeigel, so groß wie eine Qualle, riesige Muränen, schleichend und geifernd mit scheelem Blick, und Zackenbarsche mit Glotzaugen. Dann geht es weiter in andere Bereiche: An das Reisen erinnert der lustige Kofferfisch, es folgen die Seegurken und Seeanemonen und noch vieles mehr.

Im Lanzarote Aquarium lauert das ein oder andere Unterwassermonster

Das große Rutschvergnügen

*In fast jedem Urlaubsort, auch in **Costa Teguise**, befindet sich ein **Aquapark**. Außer den üblichen Rutschen und Spiralen gibt es dort für Kids einen Planschsee, einen Vergnügungspark und eine Hüpfburg. Bei manchen Rutschen müssen die Kinder größer sein als 1,20 m, bei anderen sogar größer als 1,50 m. Kinder unter 12 Jahren nur in Begleitung eines Erwachsenen, gemeinsames Rutschen von Erwachsenen und Kindern ist nicht gestattet. **Parque Aquatico**, Avenida del Golf, Tel. 928 59 21 28, www.aquaparklanzarote.com. Tägl. April-Okt 10-18 Uhr, wetterabhängig. Erw. € 22,50, Kinder (2-12 J.) € 16.*

***Lanzarote Aquarium:** Calle de las Acacias s/n, Costa Teguise, Tel. 928 59 00 69, www.aquariumlanzarote.com. April-Okt 10-19, Nov-März 10-18 Uhr. Erw. € 12, Kinder (6-12 J.) € 8. **Anfahrt:** auf der Av. Islas Canarias vor Hotel Los Zocos links in Calle de las Acacias, ausgeschildert.*

Wohnen in schwarzen Lavablasen

An der Straße zwischen Arrecife und Teguise markiert kurz vor Tahíche ein graziles Windspiel aus silbern glänzendem Metall eine Kreuzung. Auf der Straße nach links erreicht man bald die **Fundación César Manrique**. Der Kreisel erzählt eine traurige Geschichte, denn hier verunglückte der Künstler im September 1992 tödlich. Ironie des Schicksals, denn jahrelang hatte der Naturschützer gegen die Ausweitung des Verkehrs gekämpft. Kurz vor seinem Tod hatte Manrique eine Stiftung gegründet, um sein Werk der Nachwelt zu erhalten. Als er sich wegen der vielen Besucher 1987 in ein Haus in Haría zurückzog, begann er, sein früheres Wohnhaus, der **Taro de Tahíche** (taro: Hirtenhütten aus Lava), in eine Ausstellung zu verwandeln. Im Obergeschoss des Lavahauses (siehe S. 69) ist ein Museum mit zeitgenössischer Kunst untergebracht. Dazu gehören u. a. Werke von Pablo Picasso, Joan Miró und Eduardo Chillida. Im unteren Bereich, den früheren Privaträumen des Künstlers, wird im ehemaligen Atelier eine ständige Sammlung seiner Bilder gezeigt.

Überall sind farbenfrohe Beweise für Manriques Kreativität zu finden

Bilder aus dem Material der Insel

*Unbedingt sehenswert sind die **Materialbilder** César Manriques. Er verwendete vielfarbige Lava, Sand, Vulkanasche usw. Die Kunstwerke sind eine kreative Anregung für Kinder. Entweder zu Hause aus Materialen rund ums Haus und im Garten ein Kunstwerk schaffen oder gleich im Urlaubsort am Strandufer Steinchen, Muscheln, Treibgut etc. sammeln und auf dem Sand das künstlerische Talent zeigen. Nachher natürlich wieder wegräumen.*

***Fundación César Manrique:** Taro de Tahíche, vor Tahíche, Tel. 928 84 31 38, www.fcmanrique.org. Juni-Okt tägl. 10-19, Nov-Juni Mo-Sa 10-18, So 10-15 Uhr. € 8 pro Person (ab 12 J.).*
***Anfahrt:** ab Arrecife über die LZ-1 bis zum Kreisel vor Tahíche, links ab, gut ausgeschildert.*

Seltener Moment: Bei der Raubvogelshow lassen sich die edlen Vögel bewundern

Wildwestabenteuer und exotische Tiere

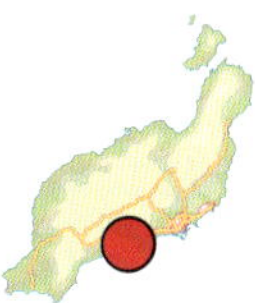

Da kommt die ganze Familie nicht mehr aus dem Staunen heraus, was in dem großen **Rancho Texas Park** (50.000 qm) alles geboten wird. Das Programm reicht für einen ganzen Tag, die Showzeiten sind im Park angeschlagen. Bei der Raubvogelshow (Adler und Bussarde) heißt es, die Perücke festhalten: Tiefflieger. Die Seelöwen sind geschmeidige Wasserakrobaten, und bei der Papageienshow staunen die Kinder mit offenem Mund und lauten Schreien, wie die Loris Rollschuh oder Rad fahren und mit Geschick den Basketball in den Korb befördern. Schulanfänger können testen, ob die bunten Vögel besser rechnen können als sie.

Im Gelände wird das Leben der Sioux und Cowboys mit Lagerplätzen und Vorführungen gezeigt, in den Gehegen tummeln sich Exoten wie Weiße Tiger, Pumas, massige Bisons und schnappende Nilkrokodile. Die ganz Kleinen können sich im Lilliput-Park bei den Kaninchen und Zicklein auch einmal groß fühlen. Gegessen wird im Westernsaloon, zur Siesta zieht man sich in ein Indianertipi (Zelt) zurück. Wieder fit, reiten die Kids auf Ponys, fahren im wilden Wasser mit dem Kanu, suchen Gold in einer Mine oder toben einfach auf dem Abenteuerspielplatz herum.

Rancho Texas Park: *Calle Noruega s/n, Puerto del Carmen, Tel. 928 84 12 86, www.ranchotexaslanzarote.com. Tägl. 9.30-17.30 Uhr. Erw. € 15, Kinder (2-12 J.) € 10.*

Anfahrt: *zwischen Puerto del Carmen und Flughafen, gut ausgeschildert, Busservice ab Puerto del Carmen (kostenlos), Costa Teguise (€ 3) und Playa Blanca (€ 4). Weitere Infos zum Shuttle auf der Website des Parks.*

Es spuckt und zischt im Parque Nacional de Timanfaya

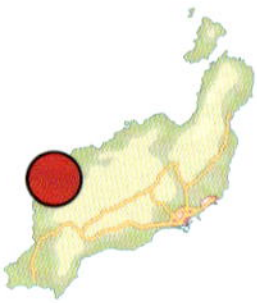

Das Zentrum des seit 1974 bestehenden und streng geschützten **Parque Nacional de Timanfaya** ist nur im Rahmen einer Bustour zugänglich. Gelegenheit, wenigstens ein Zipfelchen dieses Naturwunders zu begreifen. Um die Gewalt der Landschaft zu erspüren, haben die Besucher an der **Montaña Rajada** (374 m) etwas Zeit, sich in die Lavawelt der Feuerberge zu vertiefen. Direkt neben dem Aussichtspunkt schichten sich Lavamassen zu Bergen auf: helle Rostfarben, Braun in allen Schattierungen, rot wie verglimmende Glut, grün wie Algen am Felsen. Gänsehaut kribbelt den Rücken entlang. Im tieferliegenden **Valle de la Tranquilidad** (Tal der Stille) ist es mucksmäuschenstill, durch die dunklen Lavamassen wird in diesem Tal der Schall geschluckt, sodass man gar seine eigene Stimme nicht mehr hören kann.

Eindrucksvoll demonstrieren Parkangestellte die feurige Kraft des Vulkans

Hinauf zum Tindaya

An der FV-10, südwestlich von La Oliva, erhebt sich die heilige Montaña Tindaya (siehe S. 40). Auf der Weihestätte der Altkanarier wurden bisher 213 Steingravierungen und einige Tumuli, lang gestreckte Gräber, entdeckt. Der heilige Berg kann in Begleitung eines Führers erklommen werden. Die Tour auf die Montaña darf man aber nicht unterschätzen! Denn der Fels ist glatt und steil und auf 400 m Höhe weht ein starker Wind: also nur mit trainierten älteren Kindern wagen. ***Montaña Tindaya****, nur mit amtlicher Genehmigung (5 Tage gültig) zu besteigen, kostenlos und leicht erhältlich beim* ***Medio Ambiente****, Puerto del Rosario, Calle Lucha Canaria 112, Tel. 928 86 11 15, Mo-Fr 8-4 Uhr, oder in Corralejo, Plaza María Santana Figueroa s/u, Tel. 928 53 53 18.*

Wieder am Startpunkt erfahren die Gäste, dass die Kraft der Vulkanwelt auf Lanzarote noch nicht ganz erloschen ist. Auf dem **Islote de Hilario** wurde von César Manrique mit sorgfältiger Hand das runde Restaurant **El Diablo** errichtet. Es steht auf einem Vulkanschlot, in

dessen aufsteigender Hitze Hähnchen knusprig gebraten werden. Die Kraft, die hinter dieser vulkanischen Hitze steckt, demonstrieren die Parkangestellten durch spektakuläre Vorführungen: Einer wirft mit einer Heugabel einen trockenen Dornlattichbusch in eine grottenähnliche Versenkung. In Sekundenschnelle lodern die Flammen bereits aus der Tiefe hoch bis zu den Füßen der Besucher, alle treten erschrocken von dem Feuerloch zurück.
Auf der Terrasse ein Stück höher folgt der Höhepunkt der thermischen Sensationen: In ein in den Boden versenktes Rohr schüttet der Parkwächter einen Eimer Wasser. Kurz darauf treibt der sich durch die Vulkanhitze bildende Dampfpfropf das kochende Wasser mit einem Knall zischend himmelwärts. Eine etwa 10 m hohe, fauchende und spuckende Säule aus Wasser und Dampf steht für Sekunden in der Luft. Dann kühlt sie ab, und der Wind treibt feinste Kondenströpfchen in die Gesichter der mittlerweile verzauberten Zuschauer. Die Unterwelt lässt grüßen!

Parque Nacional de Timanfaya (Montañas del Fuego): *im Westen der Insel, Einfahrt zwischen Yaiza und Mancha Blanca, Tel. 928 84 00 57, reddeparquesnacionales.mma.es. Mitte Sep-Mitte Juli tägl. 9-19, Mitte Juli-Mitte Sep 9-17.45, Restaurant 12-15.30, Getränkebar 9-16.45 Uhr. Eintritt inkl. Bustour Erw. € 8, Kinder (7-12 J.) € 4, Autofahrer an der Schranke Ticket für Parkplatz (inkl.) und Bustour lösen.*
Anfahrt: *über die LZ-67, zwischen Yaiza und Mancha Blanca.*

Zzzzzisch! In Sekundenschnelle ist der Eimer Wasser verdampft

Die Unterwasserwelt entdecken in Puerto Calero

Spannend wird es, wenn bei den **Submarine Safaris** in **Puerto Calero** das U-Boot den Hafen verlässt und dann langsam blubbernd 30 m tief absinkt. Fische schweben vor den Bullaugen vorbei, manchmal sogar ganze Schwärme. Besonders interessant wird es aber, wenn das Unterseeboot ein altes Schiffswrack erreicht. Nun werden die Motoren ausgeschaltet und ein Taucher lockt die Fische mit Futter. Es wird genau erklärt, welche Arten das Wrack bevölkern, man sieht fast alle Bewohner der kanarischen Küsten, von Cherne (Barsch) bis Vieja (Papageifisch), mit Glück taucht sogar ein Mantarochen oder ein aufgeblasener Kugelfisch auf. Wieder zurück vom Unterwasserabenteuer will niemand glauben, dass bereits eine Stunde vergangen ist.

Doch es wird bereits Zeit für das nah gelegene **Museo de Cetáceos de Canarias** (Walfischmuseum). Hier erfahren die Besucher alles über die Welt der Säugetiere des Meeres, über Wale und Delfine, wie sie sich entwickelt haben und wie sie leben. Es sind Reproduktionen in Originalgröße zu sehen, eine Sammlung von Skeletten und konservierten Körperteilen. Spannende Filmvorführungen und originale Tonaufnahmen ergänzen die Führung. Einfach atemberaubend.

Das U-Boot bietet Erste-Reihe-Plätze mit Ausblick in die Unterwasserwelt

***Submarine Safaris**: Puerto Calero, Tel. 928 51 28 98, www.submarinesafaris.com. Tägl. 10/11/12/14 Uhr. Erw. € 52, Kinder (2-14 J.) € 30, unter 2 J. ungeeignet, 15 % Rabatt bei Onlinebuchung, kostenloser Bustransfer ab Puerto del Carmen und Costa Teguise.*

***Museo de Cetáceos de Canarias**, Puerto Calero, Edificio Antiguo Varadero, 1. Stock, Local 11, Tel. 928 84 95 60, www.puertocalero.com. Tägl. 10-18 Uhr, 1. Do im Monat geschl. Erw. € 11 Kinder (7-16 J.) € 5.*

***Anfahrt:** LZ-2, zwischen Uga und Tías bei El Cascajo auf die LZ-507 abbiegen.*

GUT ZU WISSEN

Fakten von A bis Z

Auskunft

Am einfachsten und informativsten sind die Webseiten der Inseln selbst: www.fuerteventuraturismo.com und www.turismolanzarote.com, ebenso www.spain.info. Prospektbestellung beim Spanischen Fremdenverkehrsamt in **Deutschland:** Tel. 06123 991 34 oder per Fax unter 06123 991 51 34. Die einzelnen Vertretungen sind auch per Mail erreichbar. Berlin: berlin@tourspain.es, Düsseldorf: dusseldorf@tourspain.es, Frankfurt/Main: frankfurt@tourspain.es, München: munich@tourspain.es. **Österreich:** Büro in 1010 Wien, Walfischgasse 8, Tel. 01 512 95 80, Fax 01 512 95 81, vienna@tourspain.es. **Schweiz:** 8008 Zürich, Seefeldstraße 19, Tel. 044 252 79 31, Fax 044 252 62 04, zurich@tourspain.es.
Auf Fuerteventura und Lanzarote sind die Auskunftsstellen für Touristen, soweit vorhanden, bei den beschriebenen Orten angegeben.

Bus, Leihwagen und Taxi vor Ort

Das Busliniennetz auf den Inseln ist gut ausgebaut, Bustouren sind preiswert und zugleich informativ, da sich hier leichter Gespräche mit der Bevölkerung ergeben. So können manche der Tourenvorschläge zum Teil auch bequem mit dem **Linienbus** bewältigt werden. Jedenfalls ist der Besuch der Inselhauptstädte von den Urlaubszentren aus wegen fehlender Parkplätze unbedingt mit dem Bus zu empfehlen. Auskünfte und Fahrpläne erhalten Sie bei manchen Touristinformationen, an den Busbahnhöfen oder über die Internetseiten von Fuerteventura, www.fuerteventuratransportes.com, oder Lanzarote, www.arrecifebus.com. Übrigens: Auf den Kanaren heißt das

Auf beiden Inseln werden bequeme Jeeptouren angeboten, z. B. von Siggi (S. 65)

Inseltour in kleinen Gruppen

Nicht selbst fahren müssen, die Landschaft genießen, aber auch nicht in großen Gruppen Fuerteventura kennenlernen, das geht mit Fuerteventura Individual Tour. Deutschsprachige Inselkenner fahren den Jeep mit nur 8 Personen durch Schluchten und in einsame Dörfer. Abholung von der Unterkunft, familienfreundliche Preise. ***Fuerteventura Individual Tour****, Mirador del Sur 81, Costa Calma, mobil 678 26 02 22, (Deutschland Tel. 089 41 61 67 87), Fax 928 87 63 12, buchung@buonocore.de, www.buonocore.de. Di-So, Dauer etwa 8 Std. Erw. € 65, Kinder (bis 14 J.) 50 % Ermäßigung, ab dem 2. Kind gratis. 3-5 Tage im Voraus buchen.*

Transportmittel nicht autobús, sondern **guagua** (gesprochen: „wawa"). Das Wort haben die Rückwanderer aus Südamerika mitgebracht.
Bei Leihwagen sind auf Inseln meistens unbegrenzte Kilometerzahl und Haftpflichtversicherung inbegriffen; ob Vollkasko und Insassenunfallschutz enthalten sind, ist je nach Firma verschieden. Sie sollten unbedingt die Endpreise vergleichen. Bei der großen Anzahl an anbietenden Firmen muss mit Bedacht gewählt werden, da die Wartung der Fahrzeuge sehr unterschiedlich ausfällt. Beliebt bei deutschen Gästen ist **Europcar** (Vertretungen in den meisten der großen Hotels), auch **Avis** und **Hertz** besitzen ein ausgedehntes Netz. Preiswert sind die Mietautos von **World of TUI Cars** (Ausgabe an den Flughäfen). Deutsche Reiseveranstalter ermöglichen eine Buchung schon in Deutschland. Die Tagespreise (je nach Dauer der Miete) beginnen bei ca. € 30 pro Tag. Wichtig! Tanken Sie bereits samstags voll, am Sonntag und an Feiertagen haben nämlich viele Tankstellen geschlossen. Das Mindestalter des Fahrers ist 21 Jahre und er muss seit mindestens zwei Jahren den Führerschein besitzen. Für motorisierte Zweiräder gilt grundsätzlich Helmpflicht, auch für Beifahrer.
Alle **Taxis** müssen Taxameter haben, achten Sie darauf, dass er auch eingeschaltet wird. Die Preise sind an manchen Haupthaltestellen auf einer Tafel angezeigt. Wenn nicht, ist der Taxifahrer verpflichtet, seine Preisliste zu zeigen.

Camping

Camping ist auf den Kanarischen Inseln eher unbeliebt. Fuerteventura besaß bisher nur einen offiziellen Campinplatz und zwar auf der vorgelagerten Insel Lobos. Auch dieser wurde inzwischen von der Küstenschutzbehörde verboten. Der einzige Campingplatz auf Lanzarote, vorwiegend von Einheimischen besucht, liegt an den **Papagayo-Stränden** (siehe S. 28) im Südosten der Insel (vor dem Strand Puerto Muelas). Er hat nur asphaltierte Stellplätze und ist von Ostern bis zum 30. September geöffnet. Er kostet pro Person und Nacht € 4, aber auch € 60 Kaution, die erst nach drei Wochen zurücküberwiesen wird. Tel. 928 17 37 24 und 928 17 34 52.

Wieso nicht mal einen Ausflug mit der Fähre auf die Nachbarinsel wagen?

Diplomatische Vertretungen

Deutsches Konsulat, *Calle Albareda 3/2. Stock, Las Palmas, Gran Canaria, Tel. 928 49 18 80, Fax 928 26 27 31, www.las-palmas.diplo.de.*

Honorarkonsulat, *Avenida de la Llegada/el Varadero 1, Playa Blanca, Lanzarote, Tel. 928 51 92 32.*

Österreichisches Konsulat*, Avenida de Gran Canaria 26, Hotel Eugenia Victoria, Playa del Inglés, Gran Canaria, Tel. 928 76 25 00, Fax 928 76 22 60, www.bmeia.gv.at.*

Konsulat der Schweiz*, Urbanización Bahía Feliz, Edificio de Oficinas Local 1, Playa de Tarajalillo, Gran Canaria, Tel. 928 15 79 79, www.eda.admin.ch.*

Fähren

Ein Erlebnis der besonderten Art ist, die Nachbarinsel zu besuchen. Wer die Fähre benutzt, bekommt auch eine Liste mit den Sehenswürdigkeiten. Abfahrt und Ankunft der Fähre ist auf Fuerteventura in **Corralejo**, auf Lanzarote in **Playa Blanca**. Für eine Inselrundfahrt mit dem Auto sollte bei beiden Inseln mit jeweils sechs bis sieben Stunden gerechnet werden. PKW-Ausflügler sollten sich aber vorher beim Vermieter erkundigen, ob es die Konditionen gestatten, mit dem Fahrzeug die andere Insel zu besuchen. Inselfähren: **Naviera Armas** [Tel. 928 85 15 42, www.navieraarmas.com] und **Fred. Olsen** [Tel. 928 53 50 90, www.fredolsen.es]. Täglich gibt es zwischen 7.45/7.10 und 19/18 Uhr etwa 10 Überfahrten, Dauer 35 Min. Rückfahrticket Auto + 4 Personen ca. € 100, am jeweiligen Schalter erhältlich. Fahrpläne an den Häfen, bei den Anbietern oder: www.fuerteventura-infos.de/faehrverbindung.

Fundbüro

Fragen Sie beim Ayuntamiento (Rathaus) oder bei der Policía Local nach der **Oficina de Objetos Perdidos**. Auskunft erhalten Sie ebenfalls bei den Fremdenverkehrsämtern.

Geld

Die Kanaren gehören zu den **Euroländern**. Viel Bargeld sollte man jedoch nicht mitnehmen. Mit der EC-Karte (mit Geheimnummer) und mit Kreditkarten reist man sorgloser, in den Urlaubsorten nimmt fast jedes Restaurant oder Geschäft „Plastikgeld" an. Auf dem Land ist es besser, Bargeld zu haben. Mit der EC-Karte lässt sich auch an Geldautomaten Geld abheben (eventuelle Gebühren abhängig vom eigenen Bankinstitut). Bei Verlust der EC-Karte, diese sofort in Deutschland sperren lassen: Tel. +49 (0)1805 02 10 21, weitere Infos unter www.kartensicherheit.de.

Kleidung

Im Sommer reicht leichte Baumwollkleidung, wegen des großen Temperaturunterschieds braucht man abends einen Pullover. Im Winter sollten Shirt, Pullover und Windjacke im Reisegepäck enthalten sein. In Restaurants ist die Kleidung inzwischen leger, einige Hotels verlangen zum Abendessen formelle Kleidung, also z. B. lange Hosen. Strandkleidung ist beim Essen unerwünscht, auch beim Einkaufsbummel in den Orten. Mit Miniröcken, Shorts und schulterfreier Kleidung dürfen Kirchen nicht betreten werden.

Klima, Reisewetter, Moskitos

Die Klimaveränderung hat auch die Kanarischen Inseln erfasst. Deshalb sind immer häufiger Abweichungen von den offiziellen Werten festzustellen. So hatten in den letzten Jahren die zwei nördlichen Inseln auch in den heißen Monaten Juli und August Niederschlag – für die trockenen Inseln eine ange-

Klimatabelle Fuerteventura/Lanzarote

	Jan	Feb	März	Apr	Mai	Juni	Juli	Aug	Sep	Okt	Nov	Dez
Wassertemperaturen (in °C)	19/ 19	19/ 18	18/ 18	18/ 18	18/ 19	19/ 20	19/ 20	20/ 22	20/ 23	22/ 23	23/ 21	23/ 20
Lufttemp./ Tag (in °C)	22/ 21	23/ 21	26/ 23,5	24 24,5	24/ 25	26 26	28/ 28	30/ 29	27/ 29	26/ 27	24/ 24	23 21,5
Lufttemp./ Nacht (in °C)	15 13,5	15/ 13,5	15/ 14,5	14/ 15	15/ 16	17/ 18	18/ 19,5	19/ 20,5	18/ 19	20/ 19	18/ 17	15/ 15
Sonnenschein (in Std.) täglich	6/ 10	7/ 11	7/ 12	8/ 12,5	10/ 13,5	11/ 14,5	11/ 14,5	11/ 13,5	9/ 12,5	7/ 11	7/ 10	6 9,5
Niederschlag (Tage/Monat)	3/ 3	3/ 2	3/ 2	3/ 1	1/ 0	0/ 0	0/ 0	0/ 0	3/ 1	5/ 1	4/ 4	3 5

nehme Überrraschung. Umgekehrt kann es sein, dass in den Monaten Oktober bis November vergeblich auf das erhoffte Nass gewartet wird. Vor allem in den Sommermonaten muss mit Moskitos gerechnet werden.

Literaturtipps

Claire Llewellyn: Frag Prof. Schlauvogel: Insekten & Co (5-6 J.), Stuttgart 2010, ISBN 978-34401-2226-6.
Ben Morgan: Bsss. Die ganze Welt der Insekten (8-9 J.), München 2008, ISBN 978-38310-1141-4.
Ingrid und Peter Schönfelder: Die Kosmos Kanarenflora, Stuttgart 2006, ISBN 978-34401-0750-8.

Medien

Radio: Die Kurzwellenfrequenzen der Deutschen Welle ändern sich im Laufe des Jahres, deshalb vor dem Urlaub den Kundenservice der Deutschen Welle anrufen (Tel. 0221 389 32 08). Deutschsprachige Sender auf den Kanaren haben keine Lizenzen mehr bekommen, doch gegen diese unverständliche Maßnahme laufen bereits Einsprüche.
Fernsehen kann man in fast allen Hotels über Satellit auch in deutscher Sprache, meistens RTL, SAT.1 und 3sat.
Deutsche **Zeitungen** sind auf Fuerteventura und Lanzarote oft schon am Tag des Erscheinens erhältlich. Sehr informativ sind die deutschsprachige Wochenzeitung „Info Canarias" (www.infocanarias.com) und das 14-tägig erscheinende „Wochenblatt" (www.wochenblatt-kanaren.com).

Vielen Urlaubern fällt es leichter, einen deutschen Arzt aufzusuchen

Medizinische Versorgung

Auf Fuerteventura und Lanzarote haben sich in den Urlaubsorten recht viele deutsche bzw. deutschsprachige Ärzte niedergelassen, teils sogar mit eigenen Kliniken; Auskunft auch über die Hotelrezeption. Es empfielt sich der Abschluss einer **Auslandskrankenversicherung**, auch wenn die Europäische Krankenversicherungskarte EHIC formlos bei der Pflichtversicherung beantragt werden kann, die auch in Spanien gilt. Doch im Notfall haben Privat- oder Zusatzversicherte die Wahl des Arztes. Sie zahlen den Arzt- oder Krankenhausbesuch vor Ort selbst, bekommen die Kosten aber zu Hause erstattet.

Notruf

Zentraler Notruf: Tel. 112
Diese Notrufzentrale ist immer erreichbar und betreut ausländische Anrufer auch auf Deutsch, Englisch, Italienisch und Französisch.
Polizei: (Policía Local) Tel. 092
(Policía Nacional) Tel. 091
Unfallrettung: Tel. 092
Feuerwehr: Tel. 080

Öffnungszeiten

Geschäfte: Mo-Sa 9-13.30 und 17-20 Uhr (Supermärkte und Souvenirläden sind meist durchgehend und länger geöffnet). **Apotheken:** meistens Mo-Fr 9-13 und 16-20, Sa nur 9-13 Uhr. **Banken** und **Postämter:** Mo-Fr 9-14, Sa 9-13 Uhr.

Rauchverbot

In ganz Spanien, also auch auf den Kanaren, gilt Rauchverbot in allen öffentlichen Gebäuden und Verkehrsmitteln. Oft sind aber Raucherräume vorhanden. Seit dem 02.01.2011 gilt ein verschärftes Rauchverbot. Es betrifft zwar hauptsächlich gastronomische Betriebe, aber auch Orte wie Kinderspielplätze sind rauchfreie Zone. In allen Bars und Kneipen ist das Rauchen verboten, es wird nur teilweise auf den Terrassen der Bars erlaubt. Wer gegen das Rauchverbot verstößt, zahlt € 30 Strafe, bei Wiederholung wird es schon deutlich mehr.

Sprache

Das Spanisch auf den Kanaren ähnelt dem Lateinamerikanischen und ist für Reisende, die Spanisch in der Schule gelernt haben, schwer zu verstehen. Die Canarios sprechen sehr schnell und nach unserem Gefühl recht undeutlich. Grundsätzlich wird das „s" am Ende der Wörter verschluckt, was leicht zu Missverständnissen führen kann: Ob die Insel La Palma gemeint ist oder Las Palmas, die Hauptstadt von Gran Canaria, muss man oft nachfragen.

Vokabelhilfe

ja/nein – sí/no
danke – gracias
Guten Morgen. – Buenos días.
Auf Wiedersehen. – Hasta la vista.
Wie komme ich nach (zum, zur) ...? – ¿Cómo llego a (al, a la) ...?
Wie viel kostet das? – ¿Cuánto es?
Sprechen Sie Deutsch? – ¿Habla Usted alemán?
Ich habe nicht verstanden – ¡No le comprendo!
Die Rechnung, bitte! – ¡La cuenta, por favor!
Vorspeisen – entremeses
Nachspeisen – postres
Mineralwasser – agua mineral
mit/ohne Kohlensäure – con/sin gas

Strom

220 Volt Wechselstrom ist üblich, in allen Hotels und Ferienwohnungen entsprechen die Steckdosen den in Deutschland üblichen.

Telefon

In den Urlaubsorten befinden sich viele **Telefonzellen** mit direktem Anschluss nach Europa. Halten Sie genügend Münzen zu € 0,50 bereit. Die Funktionsweise der Apparate wird ausführlich beschrieben (auch auf Deutsch). Kartentelefone sind weit verbreitet. Die Karten (tarjeta prepago) sind an Automaten, in Bars und Tabakläden erhältlich. Die öffentlichen **Telefonläden** der Telekom können von 9 bis 21 Uhr genutzt werden (auch mit Kreditkarte). Gespräche vom Hotelzimmer aus sind oft recht teuer,

obwohl einige Unterkünfte inzwischen Normaltarife anbieten.
Landesvorwahlen: Deutschland 0049, Österreich 0043, Schweiz 0041, Spanien 0034. Es folgt die Ortskennzahl ohne die Null sowie die Anschlussnummer.

Tiere
Bei Reisen auf die Kanarischen Inseln, wie generell innerhalb der EU, müssen alle Katzen und Hunde eine bleibende Kennzeichnung tragen: Nur noch mit **Mikrochip**, Tätowierungen werden nicht mehr anerkannt. Die Tollwutimpfbescheinigung muss sich auf das ausgewiesene Tier beziehen und von einem ermächtigten Tierarzt ausgestellt worden sein: mindestens einen Monat oder höchstens ein Jahr vor Reiseantritt.

Trinkgeld
In Bars und Restaurants ist der Service in der Rechnung enthalten, ein Trinkgeld bis zu 10 % der Rechnung ist bei gutem Service dennoch üblich. Bei einem Drink an der Bar ist Trinkgeld nicht nötig. Zimmermädchen erhalten rund € 5 pro Person und Woche, Gepäckträger € 1 pro Gepäckstück. Im Hotelrestaurant gibt man dem Oberkellner meist am Anfang und Ende des Urlaubs einen angemessenen Betrag. Bei Taxifahrern sollte man die Summe aufrunden bzw. etwa 5 bis 10 % geben.

Unterkünfte
Die hier gelisteten Preise beziehen sich auf eine Person im Doppelzimmer (für 2-3 Personen), ggf. in einem Apartment. Wenn nicht anders angegeben mit Halbpension (Vorsaison bis Hauptsaison). „All inclusive" wird bei manchen Hotels extra erwähnt – für Familien eine preiswerte Alternative (siehe Kasten). Bei Buchungen über das Reisebüro können die Preise günstiger sein. Hinsichtlich Kinderermäßigung vor der Buchung nochmals genau erkundigen und bestä-

Das Barceló Jandía Playa liegt am Salzwiesenbiotop Saladar de Jandía (S. 23)

Zauberformel „all inclusive“

Hier bedienen sich die Kinder ohne Murren selbst: beim Frühstück, mittags mit warmen und kalten Speisen oder Snacks, nachmittags bei Kuchen und Eis, abends bei reichhaltiger Auswahl an frisch zubereiteten Gerichten – alles vom Büfett! Den ganzen Tag können Getränke gezapft werden. Auch die Lust auf Eiscreme kann stets kostenlos befriedigt werden. Als Erkennungszeichen müssen ***All-inclusive****-Gäste ein Plastikarmband tragen.*

tigen lassen, die Angaben können sich inzwischen geändert haben. Babybett meistens ohne Aufpreis (anfragen). Kinderanimation wird normalerweise nur in den Schulferien bzw. zwischen Ende Mai und Ende September angeboten (vorher anfragen). Die angegebenen sportlichen Möglichkeiten vor dem Semikolon können ohne Gebühr benutzt werden. Alle ausgewählten Hotels liegen an einem Sandstrand, evtl. durch die Uferpromenade von der Unterkunft getrennt.

FUERTEVENTURA

Sotavento Beach Club
Avenida de Jahn Reisen 3, Costa Calma, Tel. 928 54 70 60, Fax 928 54 70 09, info@sotaventobeachclub.com, www.sotaventobeachclub.com.
Weitläufige Hotelanlage direkt über dem Strand, Apartments mit vier Schlafgelegenheiten, im Restaurant Hochstühle und Kinderbüfett, zwei Pools, separates Kinderbecken, Spielplatz, Mo-Sa Miniclub (3-12 J.) und Maxiclub (13-17 J.), 5-mal wöchentlich Kinderdisco, Tischtennis, Beachvolleyball, Bogenschießen, Boccia, Darts, Minigolf (Kaution), Fitnessraum, Strandwandern, Schnuppertauchen im Pool; Tennis, Wellnessbereich, Sauna, Physiotherapie, Massagen. All-inclusive-Apartment € 65/Nacht, Kinder (2-6 J.) € 55, (7-12 J.) € 60, weitere Kinderermäßigung auf Anfrage.

Playitas Aparthotel
Teil des Playitas Resorts südwestlich von Las Playitas, Tel. 928 86 04 00, Fax 928 86 04 01, info@playitas.net, www.playitas.info.
Gehört zur sehr großen Anlage Playitas Resort, direkt am dunklen, teils felsigen Sandstrand, Apartments mit Kitchenette, teils mit Wohnraum auf zwei Ebenen, teils mit separatem Schlafzimmer, vier Restaurants, im Hauptrestaurant mit Hochstühlen und Kinderbüfett (3-12 J.), Supermarkt, Waschsalon, Plaza Rambla mit Spezialitätenrestaurants und Eisdiele, Wasserlandschaft mit Wildwasserkanal, 122-m-Wasserrutsche und integriertem Kinderbecken, Spielplatz, Mo-Sa Miniclub (3-6 J.) und Maxiclub (7-12 J.), Familiendisco, Tischtennis, Beachvolleyball, Fitnessraum, Boccia, 1.400-m-Jogging-Strecke, Wanderungen; olympischer 50-m-Pool, Tennis, Inlineskating, Wassersportcenter, Segelkurse für Kinder (ab 6 J.), Tauchschule, Golfplatz. € 100-135 pro Apartment, nur Ü, Zuschlag für HP € 30, Kinder (7-12 J.) 50 % Ermäßigung für Unterkunft und Essen, (unter 7 J.) frei.

Das Castillo Beach Resort ist nach dem alten Wehrturm benannt

Riu Oliva Beach Resort
Avenida Grandes Playas s/n, Playa de Corralejo, Corralejo, Tel. 928 53 53 34, Fax 928 86 61 54, hotel.olivabeach @riu.com, www.riu.com.
Großer Hotelbau mit sieben Etagen, unmittelbar am Dünenstrand, vier Restaurants (teilweise zwei Essenszeiten), Hotelgarten mit zwei Pools, im hinteren Teil befindet sich ein Familienareal mit zwei Kinderbecken und Spielplatz, tägl. Miniclub (4-7 J.) und Maxiclub (8-12 J.), Tischtennis, Fitnessraum, Sportplatz, Basketball, Beachvolleyball, Boccia; Beautysalon, Massagen. All-inclusive € 60-75/Nacht, Kinderermäßigung: ein Kind (2-13 J.) frei, weitere Kinder zahlen den vollen Preis.

Barceló Castillo Beach Resort
Avenida del Castillo s/n, Caleta de Fuste, Tel. 928 16 31 01, Fax 928 16 30 42, elcastillo@barcelo.com, www.barcelo.com.
Großzügige Familienanlage mit denkmalgeschütztem Wehrturm, direkt am flachen Strand, geräumige Bungalows im kanarischen Stil mit Kitchenette, drei Restaurants, eines mit Pizzeria, zwei Snackbars, ausgedehnte Badelandschaft mit drei Badezonen für Erwachsene und zwei für Kinder, 6-mal wöchentlich Miniclub (4-12 J.), Spielplatz, Minigolf, Tennis, Sportplatz. All-inclusive-Bungalow € 55-95/Nacht, ein Kind (2-12 J.) frei, weitere Kinder 50 % Ermäßigung.

Barceló Jandía Playa
Calle Sancho Panza s/n, Jandía Playa, Tel. 928 54 60 00, jandiaplaya@barcelo.com, www.barcelo.com.
Großzügige Hotelanlage im kanarischen Stil um sieben Pools herum, Hanglage auf der Bergseite der Strandpromenade, Verbindung zum renaturierten Strand durch Tunnel. Familienapartments mit zwei Zimmern, viel Auslauf, Mo-Sa Miniclub (4-12 J.), Diskothek, Fitnesszentrum; Wellnesszentrum. All-inclusive € 150-195/Nacht, pauschal im Zwei-Zimmer-Apartment für 2 Erw. und 2 Kinder (2-12 J.).

LANZAROTE

Hesperia Playa Dorada
Urbanización Costa del Papagayo, Playa Blanca, Tel. 928 51 71 20, Fax 928 51 74 32, hotel@hesperia-playa dorada.com, www.hesperia.com.
Hotelanlage auf drei Ebenen, nur durch Uferpromenade von der Playa Dorada getrennt, zwei Restaurants, Gartenanlage mit viel Grün, zwei Pools, zwei separate Kinderplanschbecken, in den Schulferi-

en tägl. Minidisco (4-12 J.), Tischtennis, Bogenschießen, Darts, Boccia; Tennis, Fitnessraum, Hallenbad, Sauna, Physiotherapie. € 40-60/Nacht, Kinderermäßigung: ein Kind (2-6 J.) frei, weitere Kinder (7-14 J.) 50 % Ermäßigung.

Hotel Los Jameos Playa
Playa del los Pocillos, Puerto del Carmen, Tel. 928 51 17 17, Fax 928 51 42 19, info@los-jameos-playa.es, www.los-jameos-playa.de.
Hotelanlage im kanarischen Stil, mehrere Gebäude, viel Grün, durch Uferpromenade und Uferstraße vom Strand getrennt, zwei Restaurants, im Garten zwei Pools, separater Kinderpool und Babybecken, Spielplatz, Mo-Sa Miniclub (4-12 J.), Minidisco, Schnuppertauchen im Pool, Tischtennis, Beachvolleyball, Boccia, Gymnastikraum, Fitnessgeräte; Wellnesszentrum, Tennis, Squash, Fahrradverleih, Beautysalon. All-inclusive € 80-105/Nacht, Kinderermäßigung: ein Kind (2-12 J.) frei, weitere Kinder (2-12 J.) 50 % Ermäßigung.

Los Zocos Club Resort
Avenida de las Islas Canarias 15, 35508 Costa Teguise, Tel. 928 59 21 22, Fax 928 59 04 36, loszocos@teleline.es, www.loszocos.com.
Große Apartmentanlage, Apartments mit Küche und Mikrowelle, 100 m zur Playa de las Cucharas, Zimmerservice außer Mo und Fr, drei Restaurants und Pizzeria, Eisdiele, Disco, drei Pools in Gartenanlage, zwei Kinderpools, Spielplatz, Minidisco, Miniclub (4-12 J.), Minigolf, Tennis, Animation. All-inclusive-Apartment mit zwei Schlafzimmern € 80-110/Nacht, Kinder (2-12 J.) 50 % Ermäßigung.

Verkehr

Die Verkehrsvorschriften sind ähnlich wie in Deutschland. Höchstgeschwindigkeit in geschlossenen Ortschaften 50, außerhalb 90, auf Schnellstraßen 100, auf Autobahnen 120 km/h. Für Mofas gelten generell 40 km/h. Anschnallpflicht gilt auch für den Rücksitz und in geschlossenen Ortschaften. Kinder unter 12 Jahren dürfen ausschließlich auf den Rücksitzen befördert werden. Kindersitzpflicht besteht für Kinder bis 12 Jahre bzw. 135 cm bzw. 36 kg. Promillegrenze 0,5, für Anfänger (Führerschein unter 2 Jahre) 0,3. Es ist verboten, beim Autofahren ein Handy zu benutzen, es sei denn, das Gerät verfügt über eine Freisprecheinrichtung.

Zeit

Die Kanarischen Inseln haben **Westeuropäische Zeit** (WEZ) und liegen im Sommer sowie im Winter um eine Stunde hinter unserer Mitteleuropäischen Zeit (MEZ) zurück.

Achtung Zoll!

Manche Kanarenurlauber wundern sich, wenn sie bei der Ankunft in Deutschland oder Österreich von Zollbeamten kontrolliert werden. Die Kanaren gehören zum EU-Land Spanien, also freier Warenverkehr? Das gilt nicht für die Kanarischen Inseln, sie blieben ***Freihandelszone****. Für die Einfuhr von Waren gelten also Richtlinien wie für Nicht-EU-Länder (vorab informieren).*

Einkaufen & Mitbringsel

Auf beiden Inseln gibt es zahlreiche Geschäfte mit inseltypischem Kunsthandwerk, oft sind sie auch außerhalb der Urlaubszentren zu finden, also bei Ausflügen rechtzeitig an Souvenirs und Geschenke denken. Andere gute Einkaufsadressen sind die in Urlaubszentren häufigen Centros Comerciales (C. C., Einkaufszentrum)

Die kanarische Küche hat manch kulinarische Köstlichkeit zu bieten, mit der sich auch der heimische Speisezettel bereichern lässt (siehe Kapitel „Essen und Trinken" ab S. 13). Gut verschweißt kann man es schon wagen, ein großes Stück Käse im Handgepäck nach Hause zu fliegen. Wer die Spezialitäten der Inseln während des Urlaubs kennengelernt hat, packt vielleicht ein Kilo **Gofio** (siehe Kasten S. 14) ein, das geröstete, aromatische Weizen- oder Maismehl für Suppen und Soßen. Wenigstens ein Kilo Kartoffeln, z. B. die kleine, dunkle **Bonito**, wäre eine schöne Urlaubserinnerung. Dazu ein Glas **Mojo** (siehe Kasten S. 16), die scharfe, rote oder grüne Soße. Oder natürlich ein Säckchen mit dem frisch gewonnenen Salz der Salinas del Carmen (siehe S. 49 und Kasten S. 92).

Käse

*Eine gute Käserei-Adresse auf Fuerteventura ist **Quesos Maxorata**, Tuineje, Llanos de la Higuera, km 5,5: Ziegenkäse (15 % Schafsmilch), gereift zwischen 8 und 60 Tagen.*

Geschmeidige Haut wie Kleopatra

*Die Wunderpflanze **Aloe vera** wird auf Fuerteventura auf speziellen Plantagen gezüchtet und verarbeitet. Aloe vera sollen schon Kleopatra und Nofretete verwendet haben, um ihre Haut glatt und geschmeidig zu halten. Alexander der Große und Christoph Kolumbus gaben sie ihren Soldaten, um das Immunsystem und die Abwehrkräfte anzuregen. Kein Wunder, dass immer mehr deutsche Urlauber Aloe vera von den Kanaren mit nach Hause bringen.*

Fuerteventura

Stickereien, Tischdecken, Taschen oder Schürzen gibt es in Lajares in der **Escuela de Artesanía** zu erschwinglichen Preisen (siehe S. 37). Ebenso zu empfehlen ist das Geschäft mit Kunsthandwerk der Insel in Antigua, **Molino de Antigua** (siehe S. 51) sowie die **Casa Santa María** in Betancuria (siehe S. 46).

Eine Adresse mit biologischem Anbau von **Aloe vera** (siehe Kasten) garantiert frischer Verarbeitung und mit nur wenigen natürlichen Konservierungsstoffen ist u. a. in Betancuria zu finden, Besuche sind möglich, man spricht deutsch [Aloe Vera Fresca, Calle Roberto Roldán s/n (Hauptstraße), Betancuria, mobil 646 25 10 39, bei Bestellung: mobil 699 699

558 (deutsch), Fax 928 87 81 70, info@aloeveraonlineshop, www.aloe-outlet.com. Tägl. 9-18 Uhr].

Lanzarote

Authentisches Kunsthandwerk, streng kontrolliert und garantiert auf Lanzarote hergestellt, gibt es in den speziellen **Tiendas César Manrique**. Das Sortiment enthält u. a. T-Shirts, Keramik, Stickereien, Postkarten und Poster von Manrique-Bildern. In **Arrecife**: Plaza de la Constitución 14; **Puerto del Carmen**: bei der Touristinformation, Avenida de las Playas s/n; **Playa Blanca**: Avenida Papagayo 6; und **Tahíche**: in der Fundación César Manrique (siehe S. 98).
Einheimisches Kunsthandwerk und landwirtschaftliche Produkte gibt es auch auf dem über die Stadt verteilten Sonntagsmarkt in Teguise, allerdings versteckt hinter Massenwaren aus Afrika. Übersichtlicher ist das Angebot in den kleinen Tiendas rund um den Hauptplatz, die Plaza de la Constitución. Keramik, Korbflecht- und Spitzenarbeiten bieten das Kunsthandwerkszentrum in Haría (siehe S. 68) und die Werkstätten am Monumento al Campesino bei San Bartolomé (siehe S. 70).
Überall wird Schmuck aus **Olivin** angeboten, auf der Insel gefertigt, doch die Steine kommen aus Asien und Südamerika (siehe Kasten S. 81). In der Fundacion César Manrique in Tahíche sind Ketten aus Lavastein zu finden. Wer etwas Kunst mit nach Hause nehmen möchte, findet in fast allen Orten Kunstgeschäfte mit Gemälden, Zeichnungen oder Aquarellen. Eine gute Adresse ist die **Galería Yaiza** (siehe S. 86) in Yaiza.
Kulinarisch bietet die Insel Ähnliches wie Fuerteventura (siehe ab S. 13). Es kommt jedoch der Wein aus den Bodegas an der LZ-30 zwischen Uga und Mozaga hinzu. Ein Tipp für Anhänger der Aloe vera (siehe Kasten): Die Plantage **Lanzaloe** [Calle La Quemadita 96, 35541 Órzola, Tel. 928 52 43 35, www.lanzaloe.com] kann besucht werden.

Authentische Stickereien sind in vielen Tiendas und Werkstätten erhältlich

Feste & Veranstaltungen

Feste auf den Urlaubsinseln sind eine gute Gelegenheit, mit der Bevölkerung in Kontakt zu kommen, ihre Gebräuche und ihre Religiosität zu erleben und zu verstehen. Die meisten Fiestas sind religiöser Art, entsprechend zurückhaltend sollten sich die Gäste benehmen. Bis schließlich ordentlich gefeiert wird, dann brechen auch bei den Kanariern manche Schranken und es geht recht lustig zu. Patronatsfeste beginnen mit Messen und Umzügen, manche Orte haben auch Sportveranstaltungen, abends wird es immer gesellig.

Januar/Februar:

Am 5. Januar werden in fast allen Gemeinden die Heiligen Drei Könige mit der **Cabalgata de los Reyes Magos** gefeiert. Die Könige reiten dann meistens auf Eseln, in Arrecife (Lanzarote) auf Dromedaren durch die Stadt.

Bunt geht es beim Karneval, aber auch bei den vielen anderen Prozessionen zu

Wechselnde Termine

*Die im Kalender genannten Termine können gelegentlich schwanken, zum Beispiel weil Wahlen sind oder weil der Bischof den zuständigen Priester gerufen hat. Erkundigen Sie sich also rechtzeitig beim Fremdenverkehrsamt (siehe S. 104) nach den Terminen für die von der Familie gewählten Feierlichkeiten. Noch ein Plus für Festbesucher: Bei **Patronatsfesten**, der Ehrung ihrer Schutzheiligen, haben Gäste der Insel die Chance, die vor allem in kleineren Orten meist geschlossenen Kirchen auch von innen zu besichtigen.*

Karneval wird auf Fuerteventura mit Maskenbällen und Umzügen vor allem in Puerto del Rosario gefeiert. Auf Lanzarote gibt es fröhliche Umzüge vor allem in Arrecife, Teguise und Playa Blanca. Puerto del Carmen feiert erst am Samstag nach Karneval.

März/April:

Mit viel Andacht und wahrer Frömmigkeit wird die Karwoche, die **Semana Santa** auf beiden Inseln begangen, Höhepunkte der Feierlichkeiten sind die Prozessionen am Karfreitag. Jedes Dorf veranstaltet dafür sein eigenes Fest, alle anderen Termine haben sich diesem unterzuordnen.

Mai/Juni:

Fronleichnam wird in fast allen Orten mit Prozessionen gefeiert. Auf Lanzarote werden in Arrecife und Haría bunte Bilderteppiche aus Blumen und gefärbtem Meersalz auf die Straßen gestreut.
24. Juni: **San Juan Bautista** (Johannes der Täufer), der Schutzheilige von Haría, wird mit Musik und Tanz geehrt.

Juli/August:

7. Juli in Femés (Lanzarote): Patronatsfest für **San Marcial del Rubicón** (siehe S. 83) mit Prozessionen und Folklore.
14./15. Juli in Betancuria (Fuerteventura): **Fiesta de San Buenaventura** zur Erinnerung an die Aufnahme Fuerteventuras in das Königreich Kastilien (1456).
16. Juli: Die **Fiestas del Carmen**, Patronin der Fischer, werden in Corralejo und Morro Jable (Fuerteventura) mit farbenfrohen Schiffsprozessionen, in Arrecife und Puerto del Carmen (Lanzarote) mit Prozessionen zu Land und Wasser zelebriert. La Graciosa und Teguise feiern mit viel Folklore und Kunsthandwerk.
25. August in Arrecife (Lanzarote): Konzerte, Tänze und eine Ruderregatta zu Ehren von **San Ginés**, über zehn Tage.

September/Oktober:

Auf Fuerteventura findet am dritten Samstag im September die größte **Romería** (Wallfahrt) der Insel nach Vega de Río Palmas zur Inselheiligen Virgen de la Peña statt.
29. September-12. Oktober in Tuineje: zu Ehren des Schutzpatrons die **Fiesta de San Miguel** mit der nachgestellten Schlacht von Tamasite (siehe S. 47).
7. Oktober: Patronatsfest **Nuestra Señora del Rosario** in Puerto del Rosario.

Auf Lanzarote im September: **Feria de Artesanía**, traditionelle Kunsthandwerksmesse in Mancha Blanca, und **Nanino Díaz Cutillas**, größtes Folklorefestival der Insel mit Musik und Tanz.

November/Dezember:

24. Dezember: **Großes Fest** mit Folklore, Prozession und „lebender Krippe“ in Antigua, Pájara und Tiscamanita (Fuerteventura) und in Teguise (Lanzarote).

Gesetzliche Feiertage

1. Jan.: Neujahr (Año Nuevo)
6. Jan.: Dreikönigstag (Los Reyes Magos)
19. März: Josefstag (San José)
März/April: Karfreitag (Viernes Santo)
1. Mai: Tag der Arbeit (Día del Trabajo)
30. Mai: Tag der Kanarischen Inseln (Día de las Islas Canarias)
Mai/Juni: Fronleichnam (Corpus Cristi)
25. Juli: Sankt-Jakobs-Tag (Santiago Apóstol)
15. Aug.: Mariä Himmelfahrt (Asunción)
12. Okt.: Entdeckung Amerikas (Día de la Hispanidad)
1. Nov.: Allerheiligen (Todos los Santos)
6. Dez.: Tag der Verfassung (Día de la Constitución)
8. Dez.: Mariä Empfängnis (Inmaculada Concepción)
25. Dez.: Weihnachten (Navidad)

Flora & Fauna

Die Pflanzen- und Tierwelt der Ostinseln Lanzarote und Fuerteventura unterscheidet sich stark von der Flora und Fauna der anderen Kanarischen Inseln. Der Grund: Die Passatwolke, die kostbare Feuchtigkeit kondensiert, regnet an den vielen hohen Bergen der anderen Inseln ab. Lanzarote erreicht aber nur eine maximale Höhe von 671 m (Peñas del Chache), Fuerteventura 807 m (Pico de la Zarza). Die Passatwolke schwebt über die Eilande hinweg, sie gehören deshalb zu den Halbwüsten. Nur im Winter, wenn die Wolken tiefer hängen, gibt es gelegentliche Niederschläge. Dann erlebt man schnell ein grünes Wunder.

Sukkulenten und Flechten

In den trockenen Jahreszeiten beherrschen die Sukkulenten (lat. succulentus: saftreich), Pflanzen, die Feuchtigkeit speichern können, Teile der bergigen Inseln. Dazu gehören Wolfsmilchgewächse wie die buschige Balsam-Wolfsmilch, die an Kakteen erinnernde Kanaren-Wolfsmilch und die nur auf Fuerteventura gedeihende dornige Jandía-Wolfsmilch, die einheimische Cardón de Jandía.

In den zerklüfteten Lavafeldern und auf steilen Basaltfelsen wachsen rund hundert Flechtenarten, Symbiosen zwischen Algen, Pilzen und Sporenpflanzen. Dort haust auch eine endemische Grille, die sich von diesen einfachen Pflanzen ernährt. Auffallend sind die orangefarbenen Krustenflechten. Solche Pionierpflanzen bereiten den Weg für eine Eroberung der baumlosen Wüste durch grüne Pflanzen vor (siehe Kasten S. 77).

Die putzigen Atlashörnchen gefährden Vogelwelt und Flora (Kasten S. 53)

Dattelpalmen und Opuntiengärten

In den höheren Regionen beider Inseln sind auch einzelne Kanarenkiefern und wilde Ölbäume zu finden. Eine Überraschung bieten in Talsenken gedeihende Kolonien von heimischen Kanarischen Dattelpalmen. An Stellen wie in Vega de Río Palmas auf Fuerteventura (siehe S. 44) oder im Tal von Haría auf Lanzarote (siehe S. 67) können diese Bäume mit ihren Wurzeln das Grundwasser erreichen. Bei der Aufzählung dürfen die von Menschenhand geschaffenen Felder nicht vergessen werden: Wein in Lavamulden und Opuntiengärten auf Lanzarote, Agavenpflanzungen auf dem Inselchen Lobos, und überall wachsen

Ab ans Fernglas

Mit dem Feldstecher Vögel zu beobachten und zu bestimmen, macht gerade im Urlaub Spaß, wo neue Arten zu entdecken sind. Z. B. die ***Kragentrappe*** *(Hühnergröße, oben sandfarben, weißer Bauch, Federbusch und Halskragen),* ***Grauwürger*** *(schwarze Gesichtsmaske vom Ohr bis zum Schnabel, starengroß, Hakenschnabel, weiße Flügelbinde),* ***Kanarisches Schwarzkehlchen*** *(schwarzer Hals, roter Bauch, gesprenkelter Kopf und Rücken),* ***Triel*** *(Stelzvogel, Eulenkopf, Flügelbinden, quietschende Schreie in der Abenddämmerung),* ***Gelbschnabelsturmtaucher*** *(gelber Schnabel mit grauem Fleck, oben grau-braun, unten weiß, Flügelspannweite 1,15 m).*

auch ohne Regen auf Lavafeldern und Sandflächen Zwiebeln und Knoblauch, Mais und Kartoffeln, Tomaten und Luzerne. Die Sandkörner speichern den Nachttau und geben die Feuchtigkeit tagsüber an den darunter liegenden Humus ab (siehe Kasten S. 73).

Keine giftigen Tiere!

Auch die Tierwelt ist etwas geringer im Vergleich zu den dicht bewachsenen Inseln des Archipels. Auffallend sind die „importierten" Tiere wie Dromedare, Ziegen, Schafe und Esel. Bei Wanderungen begegnet man häufiger der Kanareneidechse oder blinzelnden Geckos, irgendwo huscht auch die Kanarische Spitzmaus unter einen Felsen. Auf Fuerteventura kommen die putzigen, aber schädlichen Atlashörnchen hinzu (siehe Kasten S. 53) und am Strand, je nach Jahreszeit, die Unechte Karettschildkröte (siehe Kasten S. 55). Wer in den Dünen oder am Rande der Felsengebiete rastet, entdeckt die Welt der Insekten: Tagfalter, Bienen, Raubwespen, Tausendfüßer, Heuschrecken, Grillen, Fliegen, Ameisen und Spinnen. Gefährliche, giftige Tiere fehlen auf den Inseln, Schlangen ebenso wie Skorpione. Beim Blick in die Lüfte fallen die Kragentrappe auf sowie Grauwürger, das Kanarische Schwarzkehlchen und Europäische Triele (siehe Kasten). Bei einer Bootstour ist die Begegnung mit Walen und Delfinen ein Ereignis, beim Besuch der Inseln Lobos (siehe S. 88) und des Chinijo-Archipels die Beobachtung der Gelbschnabelsturmtaucher.

Ein Paradies für Taucher

Wer eintaucht in die wunderbare Unterwasserwelt, findet neben Angst einflößenden Muränen vor allem Thunfische, mehrarmige Tintenfische, Seesterne, träge Meeresschildkröten, aufgeblasene Kugelfische, räuberische Barrakudas, giftige Stachelrochen, lang gestreckte Trompetenfische, auch neugierige, mit kräftigen Zähnen ausgerüstete Drückerfische. Für die Küche bietet das Meer den „vieja", den Papageifisch, ähnlich beliebt sind Meeräsche, Meerbrasse und Zackenbarsch. Die hässliche Muräne gilt als Leckerbissen, der Bonito, eine kleine Thunfischart, steht auf vielen Speisekarten, ebenso Makrelen und Sardinen, Dorsch und Stöcker.

Geschichte

Besiedlung und Königreich

Um 3.000 bis etwa 1.000 v. Chr. begann von Nordafrika und Südwesteuropa die erste Besiedlung der Inseln. Zwischen 500-200 v. Chr. sind die Berber als Besiedler nachgewiesen. Auf Fuerteventura bestanden zwischen dem 13. und 15. Jahrhundert zwei Königreiche: Maxorata im Norden, das kleine Jandía im Süden, eine Mauer soll beide voneinander getrennt haben (siehe S. 43).
Im Jahre 1312 landet der Genuese Lancelotto Malocello, vom Wind abgetrieben, auf dem später nach ihm benannten Lanzarote und blieb dort etwa 18 Jahre. Dann kehrte der Seefahrer zurück und verbreitete das Wissen über die Existenz der Kanaren in Europa: Portugiesen, Spanier und Genueser unternahmen Beutezüge auf die Kanaren, die sie als Handelsfahrten tarnen.

Probleme der Kolonisierung

Nachdem der Kastilier Don Luis de la Cerda von Papst Clemens VI. im 14. Jahrhundert das Recht der Herrschaft über die Kanaren erkauft hatte, protestierten Kastiliens Feinde und es entstand ein gewisser Freiraum der Mächte. Dies bot Piraten und Abenteurern die Gelegenheit, die Inseln ungestört auszurauben und die friedlichen Einwohner als Sklaven zu verschleppen.
1402 schloss der normannische Edelmann Jean de Béthencourt einen Friedenspakt mit Lanzarote und eroberte 1405 von dort aus Fuerteventura. Ein Jahr später wurde er zum König der Kanaren gekrönt, doch bald verließ er die Inseln, um in seine Heimat zurückzukehren. Sein Nachfolger, Neffe Maciot, gründete auf Lanzarote die Stadt Teguise. Weil er aber seine Untertanen

Die Behausungen der Urbevölkerung sind in La Atalayita (S. 91) noch zu sehen

Wer gab den Kanaren ihren Namen?

Die bisherige Deutung des Namens ***Kanaren*** *war auf den Inseln gesichteten Hunden zugesprochen (nach lat. „canis" für Hund). Nun kommt aber eine neue Theorie auf: Nachdem Mauretanien unter König Juba II. besiegt war, meuterte ein Volksstamm mit dem libyschen Namen „knr" weiter. Den Namen der Aufsässigen konnten die Römer nicht aussprechen und machten daraus durch Hinzufügung von Vokalen „canar". Schließlich wurde der aufsässige Stamm auf die westlich von Mauretanien liegenden Inseln deportiert und Rom nannte die Inseln mit den knr-Menschen „Canarii".*

als Sklaven verkaufte, wurde Maciot ins Exil nach Madeira geschickt. Nun begann das Karussell der Geschichte: 1456 nahm Diego García de Herrera die Inseln Lanzarote und Fuerteventura als Lehen in Besitz, was sie bis ins 19. Jahrhundert blieben.

Der Aufschwung beginnt

Ab Mitte des 15. Jahrhunderts entwickelte sich Fuerteventura zur Kornkammer, Hülsenfrüchte wurden angebaut, Ziegen gezüchtet, auch die Orchilla-Flechte – bereits bei den Guanchen ein wertvolles Handelsgut – wurde zum Färben von Textilien begehrt. Auf beiden Inseln blühte der Anbau von Zuckerrohr. Der Lehnsherr Herrera brauchte billige Arbeitskräfte, ging in Afrika auf Sklavenfang. 1478 begann der Feldzug gegen die Inselgruppe im Auftrag der kastilischen Krone, die Kanaren sollten in das spanische Königreich eingegliedert werden. Die Kirche unterstützte das Vorhaben, wollte die Altkanarier christianisieren. Nach Kapitulation der Guanchen wurden die großen Inseln der spanischen Krone direkt unterstellt, die kleinen Inseln, auch Lanzarote und Fuerteventura, blieben bis ins 19. Jahrhundert Lehen.

Piraterie und Auswanderung

Im 16. und 17. Jahrhundert wurden wieder beide Inseln von Piraten und Abenteurern überfallen, viele Siedlungen zerstört und ausgeraubt. 1678 mussten

So nennt man die Insulaner

Für die Urbevölkerung verwendet man den Begriff Altkanarier, auch der Name Guanchen – früher nur auf die Urbevölkerung Teneriffas bezogen – wird inzwischen für die Altkanarier aller Inseln angewandt. Auf den Ostinseln haben sich bis heute spezielle Bezeichnungen durchgesetzt. ***Majoreros*** *ist der Name der Bevölkerung von Fuerteventura nach ihren früheren Wohnstätten, den „majos" (Höhlen).* ***Conejeros****, also Kaninchenjäger, heißen die Lanzaroteños, weil sie früher regelmäßig auf Kaninchenjagd gingen.*

viele kanarische Familien auf Befehl des Königs ihre Heimat verlassen, um die Neue Welt zu besiedeln. Andere verließen sie freiwillig. Durch das Wüten der Seeräuber, Dürre und darauffolgende Hungersnöte verloren die Majoreros und Conejeros (siehe Kasten S. 122) den Mut, ihre Felder zu bestellen. Auch im 18. Jahrhundert gingen die Überfälle weiter, hinzu kamen auf Lanzarote verheerende Vulkanausbrüche (1730-1736).

Aufbau der Landwirtschaft

Neue Hoffnung wuchs um 1830 durch den Anbau von Opuntien (siehe S. 63), auf ihnen wird die Schildlaus gezüchtet, deren Larven den wichtigen, intensiv roten Farbstoff Karmin liefern. Auch der Anbau von Wein erreichte vor allem auf Lanzarote einen Höhepunkt, ebenfalls der Zuckerexport. 1836 wurde die Feudalherrschaft abgeschafft, 1852 gewährte Königin Isabella II. von Spanien den Kanarischen Inseln den Status einer Freihandelszone. Doch neue Einbrüche standen bevor: 1872 brachte die aus Europa eingeschleppte Reblaus den Weinanbau auf Lanzarote vollständig zum Erliegen. Acht Jahre später erlitt der Koschenillefarbstoff (Karmin), für Fuerteventura lange Zeit ein sicheres Einkommen, einen bitteren Schlag durch die Erfindung der Anilinfarben. Ebenso erlag die Ausfuhr von Zucker nach der Gewinnung des süßen Stoffes aus Zuckerrüben.

Aufschwung zum Putsch

Mit Beginn des 20. Jahrhunderts sollten politische Veränderungen eine Lösung der wirtschaftlichen Misere bringen. 1912 erhielten die Inseln ihre Selbstverwaltung (Cabildo Insular), der Bau von Windrädern zum Hochpumpen des Grundwassers half der Landwirtschaft. 1927 wurden die Kanaren in zwei Gruppen aufgeteilt, Las Palmas de Gran Canaria wurde Hauptstadt der Ostprovinz, zu der auch Lanzarote und Fuerteventura gehören. 1936 zeigten sich finstere Wolken am Himmel: Generalísimo Franco versammelte auf Teneriffa seine Anhänger und organisierte den Militärputsch gegen die republikanische Regierung in Madrid, der Spanische Bürgerkrieg (1936-39) begann. Auf Lanzarote herrschte große Armut, auf Fuerteventura übernahmen Franco-Anhänger die Kontrolle, dieser unterstützte die Insel.

Beginn des Tourismus und der Demokratie

Bereits 1966 wurde auf Fuerteventura das erste Ferienhotel eröffnet, auf Lanzarote begann der Tourismus 1970. Nach dem Tod des Diktators Franco 1975 baute der spanische König Juan Carlos I. in Spanien die Demokratie auf. 1982 erhielten die Kanaren den Autonomiestatus, 1986 wurde Spanien Mitglied der Europäischen Gemeinschaft. Doch die Kanaren befürchteten wirtschaftliche Nachteile und verweigerten den Anschluss. 1992 wurden auch die Kanarischen Inseln in die EU aufgenommen, blieben jedoch Freihandelszone: Keine Mehrwertsteuer auf ihre Produkte und auch für EU-Länder bleiben weiterhin die alten Zollbestimmungen bestehen (siehe Kasten S. 113). Der Tourismus begann nun zu florieren. 1993 wurde Lanzarote von der UNESCO zum Biosphärenreservat erklärt, Fuerteventura erhielt diesen Status 2009.

Sport

Golf

Golfanlagen auf unter Trockenheit leidenden Inseln sind ein Problem. Manchmal reicht nicht einmal das Brauchwasser der umliegenden Siedlungen, um die Plätze in Ordnung zu halten. Oder das Grundwasser wird angezapft. Trotzdem hat Fuerteventura inzwischen vier Golfplätze entlang der Ostküste. Zurückhaltender ist Lanzarote, dort sind bisher nur zwei Plätze (Costa Teguise und Puerto del Carmen) gebaut worden. Infos über Golfplätze unter www.1golf.eu und www.turismodecanarias.com.

Wassersport

Segler, Surfer und Kiter finden an den Küsten Fuerteventuras und Lanzarotes besonders gute Windverhältnisse. Das aus den Staaten stammende Kitesurfen hat sich auch auf den Kanarischen Inseln ausgebreitet. Die besten Plätze für den Sport am Wind sind auf Fuerteventura im Norden Punta de la Tinosa (nordwestlich von Corralejo), im Südosten die Playa de Sotavento. Für Windsurfer auf Lanzarote gilt: Je weiter nördlich, desto stärker werden Winddruck und Wellengang. Viele Schulen bieten inzwischen

Beim Kiten preschen Surfer mit Brett und Lenkdrachen über die Wellen

alle windabhängigen Wassersportarten an, manche auch bei Flaute den neuen Trend: Stehpaddeln. Man steht auf einem schmalen Surfbrett und schiebt sich mit einem Paddel vorwärts. Tauchschulen gibt es auf beiden Inseln in allen Urlaubsorten. Die Preise sind sehr unterschiedlich, Beispiele zur Orientierung: Schnuppertauchen (ab 8 J.): Theorie und 1 Tauchgang € 60, Tauchkurs (ab 10 J.), 3 Übungs- und 3 Theorielektionen, 2 Tauchgänge € 275.

Mountainbiking, Radfahren

Die Inselregierung von Lanzarote hat sechs Touren für Mountainbiker mit genauer Beschreibung herausgebracht. Angaben unter www.lanzarotenbici.com, dort die PDF-Datei der Routen herunterladen und Sprache auswählen. Es erscheinen genaue Orts- und Richtungsangaben. Profilgrafiken gibt es unter www.lanzaroteapedales.com. Bei den Fremdenverkehrsämtern (siehe S. 104) gibt es eine kostenlose Broschüre mit 32 Radwegen über etwa 100 km. Zweiräder werden in allen Ferienorten von Fuerteventura und Lanzarote vermietet. Die Tagesmiete für ein Mountainbike beträgt etwa € 10, für Kinderräder € 5. Empfehlenswerte Adressen auf Fuertventura sind www.easyridersbikecenter.com und www.volcanobike.com, auf Lanzarote www.planet-bikes.de.

Kinder entdecken die Unterwasserwelt

Für die Kleinen ist es ein besonderes Erlebnis, einmal mit eigenen Augen zu sehen, was da unter der Wasseroberfläche alles lebt. Für Kinder, die schwimmen können, gibt es bei verschiedenen Veranstaltern Schnorchelexkursionen. Wenn das Taschengeld nicht reicht, legen die Eltern bestimmt noch ein paar Euro drauf. Mit der ganzen Ausrüstung und dem Ausflug per Motorboot kostet die Schnorchelei (je 2,5 Std. an 2 Tagen) € 50.

Auf dem Rücken eines Dromedars

Ein Pferderitt ist nicht jedermanns Sache. Aber auf dem gesattelten Höcker eines Dromedars durch die Gegend zu schaukeln, das macht fast allen Spaß. Möglich ist das Vergnügen bei ***Lanzarote a Caballo*** *(siehe S. 125). Der einstündige Ausflug kostet € 45, für Kinder (5-12 J.) € 35, eine kurze Runde vor Ort kostet € 18, für Kinder € 12. Ein Sturzhelm wird kostenlos gestellt.*

Reiten

Wenn die ganze Familie ausreitet, wird dies zu einem besonderen Urlaubserlebnis. Beispiele zur Orientierung: 1 Std. € 40, 2 Std. € 60, Terminabsprache vor Ort möglich. Die folgenden Adressen bieten sowohl Reitstunden für Anfänger als auch Touren für Fortgeschrittene:
Rancho Barranco de los Caballos SL*, Puerto Nuevo s/n, 35627 La Pared, Fuerteventura, Tel. 928 17 41 51,*

mobil 619 27 53 89, fuerte-reiten@gmx.de, www.reiten-fuerte.de.
***Lanzarote a Caballo**, Carretera Arrecife–Yaiza, km 17, 35570 Yaiza, Lanzarote, Tel. 928 83 00 38, Fax 928 83 00 43, mail@lanzarotecaballo.com, www.lanzaroteacaballo.com.*

Sportclub

Europas größter Sportclub ist der auf Lanzarote befindliche Club **La Santa** [Urbanización La Santa, Nordküste, 35560 Tinajo, Tel. 928 59 99 99, www.clublasanta.de, Buchung über Club La Santa Reisen GmbH, Sperberhorst 11, 22459 Hamburg, Tel. 040 555 33 70, Fax 040 551 95 92, lasanta@t-online.de. Mo-Fr 9-17 Uhr]. Das Sportzentrum ist für die ganze Familie geeignet und bietet 35 Sportarten, u. a. Tennis, Volley-, Basket-, Hand- und Fußball, olympische Leichtathletikdisziplinen, Olympia-Schwimmbecken, für Taucher und Surfer eine 2 km lange Lagune, Minigolf, Aktivitäten für Kinder und Ausflüge.

Wandern

Beide Inseln eignen sich von Herbst bis Frühjahr hervorragend für Wandertouren, wobei sich Fuerteventura erst allmählich zu einer Wanderinsel entwickelt. Die Kennzeichnung der Wege lässt vielerorts zu wünschen übrig. Empfehlenswert ist deshalb für den Anfang eine geführte Wanderung. Später kommt man sicher mit einer Kompass-Wanderkarte (im Buchhandel erhältlich) weiter.
Auf Fuerteventura sind Wanderungen mit **TimeforNature** [c/o Wolfgang Miebs, Calle Fuerteventura 41, Puerto Azul, 35629 Tarajalejo, Tel. 928 872 545, Mobil 609 562 875, timefornature@gmail.com, www.timefornature.de. 3-8 Personen, 1,5-5 Std.] direkt vor Ort zu buchen, z. B. auf den Pico de la Zarza [3 Std., € 33 pro Person (ab 12 J.), mit Imbiss]. Auf Lanzarote bietet der **Lanzarote Active Club** [Playa de las Cucharas 6, Costa Teguise, Tel. 928 59 04 07, mobil 650 81 90 69, info@lanzaroteactiveclub.com, www.lanzaroteactiveclub.es] spezielle Wanderungen für kleine Gruppen (ab 7 J.), Touren zu Vulkanen, Bergen und über die Insel La Graciosa (siehe S. 76 und 94).

Die Landschaft lässt sich mit Führer oder Kompass-Karte bestens erkunden

Verlag: COMPANIONS GmbH,
Am Sandtorkai 73, 20457 Hamburg,
Tel. 040-306 04-600,
Fax 040-306 04-690,
E-Mail: info@companions.de,
Internet: www.companions.de

Autor: Gottfried Aigner
Lektorat und Schlussredaktion:
Anne-Kristin Karst
Schlusskorrektur: Kerstin Gonsior

Titelgestaltung und Layout:
Cornelia Prott

Wir danken Theresa Gerland für ihre Mitarbeit.

Druck und Bindung:
DZA Druckerei zu Altenburg GmbH

Bildnachweise:
Titelfoto: shutterstock.com/David H.Seymour
Alle Fotos: Gottfried Aigner, außer: Nana Claudia Nenzel S. 4, M. Rosenwirth/Fotolia.com S. 5, shutterstock.com/Philip Lange S. 21, shutterstock.com/Tamara Kulikova S. 22, shutter stock.com/Jorg Hackemann S. 27, shut terstock.com/alex&alexL S. 28, pixelio.de/Thomas Bornschein S. 30, panther media.net/Stefanie Anthes S. 31, pixelio.de/Albrecht E. Arnold S. 67, pixelio.de/Daniel Kempken S. 88, Baku-Wasserpark S. 89, Fotolia.com/under11 S. 95, shut terstock.com/Studio MARMILADE S. 99, Submarine Safaris S. 102, pixelio.de/Ernst Reisig S. 106, pixelio.de/Erwinchen S. 123.

Karte: Karthographiebüro Jochen Fischer

Der Autor dankt seiner Frau und Kollegin Nana Claudia Nenzel für die hervorragende Organisation, ihre effiziente Beratung und die kollegiale Mitarbeit.

ISBN 978-3-89740-681-0